"一带一路"倡议下的
评估咨询行业机遇与挑战

黄西勤 著

中国建筑工业出版社

图书在版编目（CIP）数据

"一带一路"倡议下的评估咨询行业机遇与挑战／黄西勤著 .—北京：中国建筑工业出版社，2021.11
ISBN 978-7-112-26717-0

Ⅰ.①一… Ⅱ.①黄… Ⅲ.①资产评估行业—发展—研究—中国 Ⅳ.① F123.7

中国版本图书馆CIP数据核字（2021）第215349号

责任编辑：周方圆 封 毅
责任校对：姜小莲

"一带一路"倡议下的评估咨询行业机遇与挑战
黄西勤 著
*
中国建筑工业出版社出版、发行（北京海淀三里河路9号）
各地新华书店、建筑书店经销
北京点击世代文化传媒有限公司制版
天津翔远印刷有限公司印刷
*
开本：787毫米×1092毫米 1/16 印张：11½ 字数：226千字
2022年1月第一版 2022年1月第一次印刷
定价：**48.00元**
ISBN 978-7-112-26717-0
（38498）

版权所有 翻印必究
如有印装质量问题，可寄本社图书出版中心退换
（邮政编码 100037）

抓机遇，迎挑战

让中国的评估事业走向世界

舞台的中心。

王荣

2021、10

王　荣：现任广东省政协主席、党组书记。
　　　　中共第十七届、十八届中央候补委员，中共十九大代表。

谨以此书献给中国共产党成立 100 周年
为评估行业砥砺奋进的行业领导和业内同仁!

谨向本书出版给予鼎力支持与帮助的
深圳市资产评估协会表示由衷的感谢!

作者简介

黄西勤

资产评估师　资深房地产估价师　资深土地估价师

香港测量师　英国皇家测量师　保险公估人　高级会计师

中国人民政治协商会议第十三届全国委员会委员

中国人民政治协商会议第十三届全国委员会提案委员会委员

中国人民政治协商会议第九届广东省委员会委员

中国人民政治协商会议第十届广东省委员会常务委员

中国人民政治协商会议第十一届广东省委员会常务委员

第十届、第十一届中华人民共和国妇女代表大会代表

全国优秀中国特色社会主义事业建设者

广东省新的社会阶层人士联合会 会长

中国房地产估价师与房地产经纪人学会 副会长

中国矿业评估师协会 副会长

广东省资产评估协会 副会长

广东省人民政府参事室 特约研究员

广东省审计厅 特约审计员

广东省社会主义学院智库专家研究人员

国众联集团董事长

从事评估 29 年，专注于评估专业领域研究和评估行业发展，已出版及参与出版《足迹与梦想——评估行业回顾与展望》《新三板资产评估实务与重难点分析》《广东大数据实践》等多本专业书籍，在国内主要刊物发表了众多专业论文。

国众联集团

国众联集团是一家综合性评估咨询专业服务机构，成立于 1998 年，目前已在北京、上海、广州、深圳、香港和全国各大经济中心城市开设有近 50 家分支机构，专业服务已遍布七大洲诸多国家，为政府机关、企事业单位、银行、金融、保险以及 A、B、H 股，创业板、新三板企业及外商企业等客户，提供涵盖资产评估、房地产估价、土地评估、土地登记代理、土地规划与整理、探矿权与采矿权评估、珠宝评估、独立审计、财税咨询服务、保险公估、工程造价、工程咨询、绩效评价、可行性研究、尽职调查、政府采购代理、招标代理、测绘、城市更新全过程咨询等专业服务。

披荆斩棘、筚路蓝缕 23 年，秉承"诚信 专业 协作 共赢"的核心价值观，以及"致力于成为专业服务的领航者"的发展愿景，国众联集团凭借综合资质和专业服务，在行业内树立了良好的品牌知名度和美誉度，已先后获得"广东省著名商标、深圳市知名品牌、履行社会责任杰出企业、守合同重信用企业、先进企业"等众多荣誉称号。

编委会

主　　任： 黄西勤

副 主 任： 江建华　陈志华（中国香港）

责任编辑： 陈　军　毛小源　孙丹桂　李熙恒　黄荣真　司徒荣轼
　　　　　　丘　文　时　磊

委　　员： 冯元景　段雯瀚　刘　贝　段嘉来　李　静　刘广收　黄丽娟
　　　　　　山岸秀夫（日本）　　　　　Ronn Chee（新加坡）
　　　　　　James Wong（马来西亚）　　Cheng Keng（柬埔寨）
　　　　　　Suan Widjojo（印度尼西亚）　Chrin Thoury（柬埔寨）
　　　　　　Janice Teow（马来西亚）　　Chan Hiap Kong（新加坡）

参编单位： 国众联资产评估土地房地产估价有限公司

　　　　　　国众联（香港）测量师行有限公司

　　　　　　国众联社会经济研究院

　　　　　　广东国众联行资产评估土地房地产估价规划咨询有限公司

　　　　　　国众联建设工程管理顾问有限公司

　　　　　　深圳市国众联保险公估股份有限公司

　　　　　　上海国众联土地房地产咨询估价有限公司

　　　　　　北京国众联土地房地产评估有限公司

序 一

经过40多年来的改革开放,我国经济和世界经济高度关联,我国估价行业应当并必将走出国门、走向国际。推进"一带一路"建设,既是我国扩大和深化对外开放的需要,也是加强和世界各国互利合作的需要。设施联通和贸易畅通不仅为"一带一路"沿线国家和地区提供良好的硬件支持和经济基础,还会因对相关专业服务的需要而为我国估价机构走出国门、走向国际带来难得的机遇。时代发展要求我们当代估价人在此机遇中继续发扬敢为人先的精神,勇于开拓新市场,打开新局面,不断整合优势资源,加强人才队伍建设,加快相关科技创新,提供高质量估价服务,唯有如此才能不负新时代赋予的新使命。积极参与到"一带一路"建设中,不但有利于我国估价行业长远规范发展,也将为我国和世界经济可持续发展做出一份贡献。

相比于市场经济发达国家和地区,我们目前面临的现实是国内的估价行业起步较晚,对国际估价市场还比较陌生,对于一直深耕国内市场的估价机构而言,有效对接"一带一路"宏伟蓝图,如何迈出国门"第一步"至关重要,因此编写本书予以指引很有必要。本书由全国政协委员、中国房地产估价师与房地产经纪人学会副会长、国众联集团董事长黄西勤女士亲自组织国内及"一带一路"沿线国家和地区相关资深专家编写,对"一带一路"沿线主要国家和地区的政治、经济、法律以及估价行业等方面做了较全面系统地论述与分析,内容翔实、分析专业,是一本难得的了解"一带一路"沿线国家和地区估价行业的指南,推荐业内人士作为参考,定会受益良多。作为我国估价行业最早一批践行者,黄西勤女士敏锐地察觉到"一带一路"带来的新机遇,并多次前往"一带一路"沿线国家和地区实地考察,她对国内估价行业如何融入"一带一路"战略也有深入的思考与见地,曾在全国政协会议提出有关议案,获得了行业内外的好评。本书包含了她本人及其国众联团队相关考察研究的一系列成果,具有很大的参考价值。黄西勤女士有这份行业责任,勇做难事,乐于分享,是很值得钦佩与肯定的。

"一带一路"为我国估价行业发展带来了新机遇,然而我国估价行业的国际化进程并非一蹴而就，还需要在思维转换、基础夯实、机制构建、组织统筹等方面开展大量的配套工作，需要全行业群策群力，集思广益，共同推动估价行业在"一带一路"建设中发挥应有作用。希望全行业特别是业内有识之士秉持开拓进取精神，既要脚踏实地，还要怀揣梦想，与时俱进地努力前行！

柴强

中国房地产估价师与房地产经纪人学会会长

  深圳市资产评估协会原名深圳市注册资产评估师协会，于1997年11月8日经深圳市国有资产管理办公室批准正式成立。协会是由深圳市资产评估机构和评估专业人员自愿组成的行业性的地方性的非营利社会组织，它以客观公正、规范有序的服务在机构——政府——社会间架起金色的桥梁，并为加强评估机构的自律管理着力优质服务，维护资产评估师和评估机构执业的合法权益，增进相互间的学习和交流，发挥积极作用。

  2020年，《深圳建设中国特色社会主义先行示范区综合改革试点实施方案（2020—2025年）》正式出台，既为深圳在新的历史时期锚定了正确的发展航向，也赋予了深圳在重点领域和关键环节改革上更多自主权。同年10月，习近平总书记出席深圳经济特区建立40周年庆祝大会并发表重要讲话，会上习近平总书记表示，深圳应总结经济特区建设经验，继续朝着建设中国特色社会主义先行示范区的方向前行，在更高起点、更高层次、更高目标上推进改革开放，增强在粤港澳大湾区建设中的核心引擎功能，努力创建社会主义现代化强国的城市范例。新的历史时期，党中央赋予深圳新的历史使命，关乎改革、开放、创新、法治以及内地与港澳的融合发展。专业服务业作为市场经济的重要参与者，深圳评估行业牢牢抓住这一重大历史机遇，积极对标国际标准，推动内地与港澳服务业运行的规则衔接、机制对接，加快发展，在深圳未来改革中贡献出自己的专业力量。

  "一带一路"倡议稳步推进，取得的成绩举世瞩目。评估咨询是推进国家间、地区间经济信息交流、资本流动的重要桥梁，"一带一路"倡议的深入推进，也意味着我国评估咨询行业需要不断地拥抱国际化发展的新契机、新挑战和新局面。中国评估咨询行业的国际化发展不断深入，国际评估事务的参与度与日俱增，境外考察学习形成常态，并多次举办各类评估咨询行业国际会议，人才交流和理论建设取得丰富成果，国际影响力和话语权不断提升。

  在时代的潮流中，我们也需要及时进行系统的总结、思考，也需要在适当的时候对未来进行预测展望,本书详细列明了我国与"一带一路"沿线国家的评估咨询行业的法律、制度、发展历程、概况等方面的内容,同时也深入分析了"一带一路"倡议给各方带来的机遇与挑战,对有志于投身"一带一路"的评估咨询专业人士具有重要的参考价值与实践指导意义。

王毅

深圳市资产评估协会会长

自 序

习近平总书记于 2013 年提出"一带一路"倡议，共建"一带一路"致力于维护全球自由贸易体系和开放型世界经济，旨在促进经济要素有序自由流动、资源高效配置和市场深度融合，推动沿线各国实现经济政策协调，开展更大范围、更高水平、更深层次的区域合作，共同打造开放、包容、均衡、普惠的区域经济合作框架。

随着"一带一路"倡议的深入推进，沿线国家对外投资逐步增加，土地及房地产市场迫切需要建立完善的政策管理机制，同时也需要引入第三方评估机构，对包括土地、房地产等在内的资产进行科学定价，实现自由流动。

为了更好地为"一带一路"沿线国家提供具有国际化水准的评估咨询服务，沿线国家评估咨询机构的合作非常重要。国众联集团作为 VPC[1] 中国代表成员，目前已形成华北、华南、华东、西南、华中等五大区域中心，衔接中国香港、澳门，分支机构基本覆盖长三角、珠三角；客户遍布全球，远至美国、英国、法国、德国、俄罗斯、土耳其、阿拉伯联合酋长国、加蓬等，近至日本、新加坡、老挝、越南、印度尼西亚等。VPC 成员代表也多次参与国众联集团组织的国际论坛中来，双方在亚太地区的合作关系日渐紧密，形成优势互补、协同发展的新格局。

2006 年以来，我先后担任广东省政协委员、两届政协常委。2018 年，我当选为第十三届全国政协委员。回首近 20 年参政议政道路，我积极参加政协会议与调研活动，在广泛调研的基础上提出高质量提案，累计提交提案 75 件，其中在省政协有 7 个优秀提案，在全国政协有 1 个重点提案。在此，十分感谢党和国家对我的培养，感谢政协给了我建言献策、为民服务的平台。在此，也特别感谢广东省政协王荣主席为本书题词，"抓机遇，迎挑战，让中国的评估事业走向世界舞台的中心。"让我真切地感受到王荣主

---

[1] VPC：VPC Asia Pacific，"VPC 亚太联盟"，是基于亚太地区，由众多测量师、房地产顾问和评估专家组成的机构，VPC 亚太联盟共有 11 个亚洲国家和地区参与，包括柬埔寨、日本、马来西亚、新加坡、文莱、印度、印尼、中国大陆、中国香港、泰国、越南。

席所寄予的厚望。

我作为全国政协委员曾前往哥伦比亚、厄瓜多尔等"一带一路"沿线重要国家进行调研,发现这些国家评估咨询行业较发达国家有很大差距。一些"一带一路"沿线国家评估咨询行业尚未形成完整的监管程序,因此如何将国内现行的规范与国际标准相衔接显得尤为重要。在这方面我们也做了大量工作,例如2021年受中国房地产估价师与房地产经纪人学会委托,我们国众联研究院承接并主导开展了《粤港澳大湾区房地产估价标准研究》研究课题,本课题针对粤港澳三地房地产估价行业发展不同步、估价标准不统一的现状问题,课题组完成了研究报告,提出了统一的《港澳大湾区房地产估价技术标准》与《粤港澳大湾区房地产估价职业道德标准》。该标准计划在澳门率先试行,随后陆续在大湾区其他地区推广。我们希望通过进一步努力,后续将标准推广到"一带一路"沿线更多国家,进而推动"一带一路"伟大梦想的实现。

我认为中国评估咨询业应当顺应当前评估国际化的发展趋势,乘着"一带一路"倡议的东风,加强国际战略合作,在互利互惠的基础上,实现资源共享,充分发挥本国的资源优势,推进与"一带一路"沿线国家在评估领域的合作,达到互利共赢共同发展。本书凝结了我们国众联集团全体专业人员对"一带一路"倡议下我国评估咨询行业如何发展壮大的研究与思考,从专业的视角分析了"一带一路"沿线主要国家关于评估咨询行业的历史沿革、政策法规、市场演变等情况,供专业人士作为参考之用,希望能为我国评估咨询行业"走出去"略尽绵薄之力。在此也特别感谢中国房地产估价师与房地产经纪人学会柴强会长、深圳资产评估协会王毅会长为本书作序,感谢参与本书撰写和提供帮助的各位国众联同仁,以及为本书修改完善提出宝贵意见的各位专家!

黄西勤
国众联集团董事长

寄 言

中国による一帯一路の開発計画は、古いシルクロード地域を活性化し、めざましく発展させる。事業が可能かどうか、およびインフラ計画のコストと効果の検討が開発計画の第一歩となる。不動産鑑定士及び開発コンサルタントがこれらのプロジェクトに重要な役割を果たす。日本は開発途上国の開発計画に参画した多くの経験を持っている。我々は、これらの経験を活かし、中国と協力して、この地域の発展に貢献できる。

中国的"一带一路"项目将复兴和开发古代丝绸之路的地区。基础设施发展计划中的首要任务应为可行性研究，用以研究基础设施项目的成本和收益。不动产鉴定士和开发项目顾问将对这些项目发挥关键作用。

日本具有很多在发展中国家开发项目的经验，我们希望通过与中国的合作，为"一带一路"沿线地区的发展作出贡献。

山岸秀夫
VPC 日本公司总裁
VPC 日本：Rap Japan

This book comprehensively introduces the historical background and development status of the "Belt and Road" initiative. Secondly, it reviews the development path of our country's land and real estate industry, real estate valuation profession and related property consultancy discipline, so that readers can experience China brought about by reforms and opening up such as the "Belt and Road" initiative.

The rapid development of the valuation profession in this region has enabled people in the real estate industry around the world to understand and appreciate China's land and development policies, including its valuation profession.

This book also gathers the power and synergies of professionals from countries, especially in major economies in South East Asia and Japan, along the "Belt and Road", focusing on the current situation of the real estate industry being assessed in the five countries namely Indonesia, Singapore, Japan, Malaysia, and Cambodia.

It is recognised that this "Belt and Road" initiative is a "double-edged sword". It not only opens up good development opportunities to the Chinese real estate industry, but it is also conducive to the valuation profession going abroad, enabling exchanges around the world, and in the process continuously improving the level of internationalization and specialization despite having to navigate the various political, cultural, economic and other differences among countries along the "Belt and Road".

To better serve the development of the "Belt and Road", China's real estate industry and the valuation profession in particular must practise scaling up their "internal strength", cultivate international component talents, and create more large-scale comprehensive valuation consulting institutions.

本书全面介绍了"一带一路"倡议历史背景与发展现状,其次回顾了我国资产评估行业、房地产估价行业与土地评估行业发展路径,让读者体会诸如"一带一路"倡议等改革开放所带来中国评估行业突飞猛进的发展,使世界评估行业人士了解与认识中国评估行业。本书也集合"一带一路"沿线国家专业人士之力量,重点介绍了印度尼西亚、新加坡、日本、马来西亚、柬埔寨五个国家当前评估行业的基本情况。"一带一路"倡议是一把"双刃剑",既给中国评估行业带来良好的发展机遇,有利于评估行业走出国门,在世界范围内交流,不断提高国际化与专业化水平,但受"一带一路"沿线国家政治、文化、经济等差异影响,中国评估行业要更好服务于"一带一路"发展,就必须苦练"内功",培养国际复合型人才,打造更多的大型综合评估咨询机构。

Chan Hiap Kong

VPC 新加坡公司董事

VPC 新加坡:Corporate Visions Pte Ltd

Melalui buku ini, kami memahami keadaan pasaran ekonomi dan hartanah negara-negara dalam inisiatif "Belt and Road", dan juga memahami pembangunan dan aplikasi perniagaan industri penilaian dan perundingan di pelbagai negara, terutamanya pembangunan dan pencapaian industri penilaian di China, termasuk aset, hartanah, tanah dan industri ukur di Hong Kong, supaya mempunyai pemahaman yang komprehensif. Malaysia sebagai salah satu negara dalam inisiatif "Belt and Road", ia dapat mempelajari tentang peluang dan cabaran yang dibawa oleh inisiatif "Belt and Road" dan juga sumber rujukan untuk penilai yang mengambil bahagian dalam kerja penilaian di luar negara, dan boleh menggalakkan pertukaran dan kerjasama antara penilaian professional dari pelbagai negara! Kita boleh bersama-sama mempromosikan perkhidmatan penilaian di dalam pembinaan kebanyakan infrastuktur di bawah "Belt and Road" inisiatif di Malaysia.

通过本书，我们了解到"一带一路"倡议沿线国家的经济及房地产市场状况，还能了解到各国评估咨询行业的发展及业务应用情况，特别是对中国的评估行业的发展与成就，包括资产、房地产、土地，还有香港测量业，有一个全面的了解。作为"一带一路"倡议沿线国家之一，学习"一带一路"倡议带来的机遇与挑战，对于参与海外评估工作的评估员具参考价值，可促进各国的评估专业人士交流合作！共同推动估价行业在"一带一路"建设中的作用。

James Wong
VPC 马来西亚公司董事总经理
VPC 印尼：KJPP Susan Widjojo & Rekan

បូរុសកម្ពុជានិងចិនមានទំនាក់ទំនងពាណិជ្ជកម្មនិងវប្បធម៌ដ៏យូរលង់ណាស់មកហើយ។ចាប់តាំងពីការបង្កើតទំនាក់ទំនងការទូតជាផ្លូវការនៅឆ្នាំ1958ទំនាក់ទំនងរវាងបូរុសទាំងពីរកាន់តែជិតស្និទ្ធកុនងនាមជាសមាជិកនៃVPC Asia Pacific Alliance ខ្ញុំមានកិត្តិយសណាស់ដែលបានចូលរួមកុនងការចងក្រងសៀវភៅនេះគោលបំណងលើមានការសរសេរសៀវភៅនេះគឺដើម្បីចែករំលែកអំពីសេដ្ឋកិច្ចនយោបាយច្បាប់ទីផ្សារអចលនទ្រព្យនិងការគ្រប់គ្រងការវាយតម្លៃសាកម្មហ្វីកុសាយោបល់នៅក្នុងបូរុសនិងតំបន់មួយចំនួនតាម "ខុសក្រវាត់និងផ្លូវ" បូរពន្ធនិងកំរូវភិខ្ពរាន់ពីភាគុសអំពីទ្រឹស្តីវិធីសាស្ត្រការអភិវឌ្ឍន៍អាជីវកម្មនូវនាការអភិវឌ្ឍនិងលក្ខណៈនៃខេសសាហកម្មហ្វីកុសាវាយតម្លៃនៃនៅក្នុងបូរុសេផ្សេងៗបង្កើតរទីកាសម្រាប់ការចែករំលែកសមាហរណកម្មនិងការចូលចតលើកកម្ពស់ការផ្លាស់ប្តូររនិងកិច្ចសហបូរតិបត្តិការអន្តរជាតិក្នុងចំណោមអ្នកជំនាញការវាយតម្លៃបញ្ចូលទៅក្នុងអាករអន្តរជាតិដើម្បីផ្តល់ជាឯកសារយ៉ាងទូនឹមនឹងនេះខ្ញុំសង្ឃឹមថាសៀវភៅនេះនឹងអាចឱ្យសហការីមកពីជុំវិញពិភពលោកមានការយល់ដឹងកាន់តែសីជំរៅអំពីទីផ្សារអចលនទ្រព្យរបស់បូរុសកម្ពុជានិងខេសសាហកម្មវាយតម្លៃនិងហ្វីកុសាយោបល់។ជាមួយនឹងផលបូរយោជន៍រួមជួរគាមវាសនារួមនិងអនាគតរួមអនុញ្ញាតឱ្យពួកយើងធ្វើការរួមគ្នាដើម្បីបំពលើកកម្ពស់ការអភិវឌ្ឍន៍បូរកបដោយសុខភាពល្អនៃខេសសាហកម្មវាយតម្លៃនិងហ្វីកុសាយោបល់!

柬埔寨与中国在商贸和文化上的关系历史悠久，自从1958年建立正式外交关系之后，两国关系日趋密切。作为VPC亚太区联盟成员，很荣幸能参与到这本书的编写工作，编写本书的初衷是分享"一带一路"部分沿线国家和地区的经济、政治、法律、房地产市场及评估咨询行业的管理体制、发展模式；探讨各国评估咨询行业理论、方法、业务开拓以及发展趋势和特点；架设一座共享、融合、对接的平台；促进评估专业人士国际间的交流与合作；为评估机构走出去，深度融入国际舞台提供借鉴。同时也希望本书能让各国同行对柬埔寨的房地产市场及评估咨询行业有更深入的认识。共同的利益、共同的命运、共同的未来，让我们共同推动评估咨询行业的健康发展！

Cheng Kheng
VPC 柬埔寨公司首席执行官及董事长
VPC 柬埔寨：CPL Cambodia Properties Limited

Bukuinidisusunolch para profesionalpenilai senior dariGuozhonglian Group dan VPC Asia Pacific Alliance yang telahmencatatperkembanganekonomi, pasar real estat, penilaiandankonsultasi, pengawasandanperkembangannegara-negaradisepanjang Belt and Road padasaatbukuinidisusun. VPC Indonesia berkontribusiatasulasanmengenaikondisipenilaiandi Indonesiadanbermaksuduntukmemberikanpemahamanmendalamtentangindustripenilaian Indonesia kepadarekan-rekanpenilaiinternasional. Bukuinimenjadibukureferensi yang berhargabagi orang-orang di industripenilaiandankonsultasiataumereka yang tertarikuntukbergabungdenganindustripenilaiandankonsultasi. Sayaberharapbukuiniakanmembantupembacadanbisamenjadisarana yang mendorongkerjasamadengan para profesional di industripenilaian di berbagainegaralain.

这本书的内容由国众联集团和VPC亚太区联盟多国的资深评估专业人士一同参与编写，书中记录了"一带一路"沿线国家的经济发展、房地产市场分析、评估咨询行业规范、监管和发展概况，其中关于印度尼西亚的部分由我们负责撰写，内容有利于国际评估业同行对印尼评估市场的深入了解。对评估咨询行业人士或有意加入评估咨询行业的有识之士而言，是一本极具参考价值的书借。希望这本书能为读者带来助益，与不同国家评估行业的专业人士合作共勉！

Susan Widjojo

VPC 印度尼西亚公司管理合伙人

VPC 印尼：KJPP Susan Widjojo & Rekan

這本書的內容由國眾聯集團和VPC亞太區聯盟多國的資深評估專業人士共同努力編寫，將"一帶一路"上熱門國家的經濟狀況、房地產市場、行業規範、監管和發展，綜合分析和描述，向讀者誠意分享。這書資料充足實用，猶如行內的一本國際性指南，對準備參與海外評估工作的有志之士，極具參考價值；對熱愛評估諮詢工作的專業人士，有溫故知新之用。希望這本書能為讀者帶來裨益，促進不同國家的評估專業人士交流，合作共勉！

这本书的内容由国众联集团和VPC亚太区联盟多国的资深评估专业人士共同努力编写，将"一带一路"上热门国家的经济状况、房地产市场、行业规范、监管和发展综合分析和描述，向读者诚意分享。这书资料充足实用，犹如行内的一本国际性指南，对准备参与海外评估工作的有志之士，极具参考价值；对热爱评估咨询工作的专业人士，有温故知新之用。希望这本书能为读者带来裨益，促进不同国家的评估专业人士交流，合作共勉！

陈志华
國眾聯（香港）測量師行有限公司董事總經理

目 录

第一章 "一带一路"概述 1
  第一节 "一带一路"倡议的时代背景 1
    一、张骞凿空与伟大之旅 1
    二、郑和下西洋 3
    三、开启现代"陆上丝绸之路"与"海上丝绸之路" 5
    四、探索世界各国的丝绸之路 7
  第二节 "一带一路"倡议发展现状 11
    一、"一带一路"倡议的含义 11
    二、"一带一路"倡议中"五通"与成果 12
    三、"五通"目标的实现策略 24

第二章 中国评估行业的发展与成就 27
  第一节 资产评估行业 27
    一、资产评估行业发展回顾 27
    二、资产评估行业的执业资格制度 28
    三、资产评估行业的法律制度 28
    四、资产评估行业的监督管理机构 30
    五、资产评估行业的国际化发展之路 31
    六、资产评估行业的业务应用 33
  第二节 房地产估价行业 36
    一、房地产估价行业发展回顾 36
    二、房地产估价行业的执业资格制度 37
    三、房地产估价行业的法律制度建设 37
    四、房地产估价行业的监督管理机构 39
    五、房地产估价行业技术标准 40

　　　　　六、房地产估价行业的业务应用......40

　　第三节　土地估价行业......43

　　　　　一、中国土地估价师与土地登记代理人协会的成立......43

　　　　　二、土地估价行业的执业资格制度......44

　　　　　三、土地估价行业的法律制度建设......45

　　　　　四、土地估价行业的监督管理机构......47

　　　　　五、土地估价行业技术标准......48

　　　　　六、土地估价行业的业务应用......50

第三章　中国香港测量业的发展与房地产市场情况......54

　　第一节　中国香港测量业的发展回顾......54

　　　　　一、中国香港测量业的发展现状......54

　　　　　二、中国香港测量业的相关法规......55

　　　　　三、中国香港测量业的业务应用......57

　　第二节　中国香港的宏观经济及房地产市场概况......58

　　　　　一、中国香港的宏观经济发展......58

　　　　　二、中国香港的房地产市场发展......60

　　　　　三、中国香港对房地产发展的政策......62

　　第三节　"一带一路"倡议对中国香港的影响......63

　　　　　一、香港宏观经济方面......63

　　　　　二、香港测量业方面......68

　　　　　三、对香港房地产评估咨询行业的机遇......69

第四章　"一带一路"倡议沿线国家评估咨询行业的发展......71

　　第一节　印度尼西亚......71

　　　　　一、印度尼西亚的经济发展及房地产市场分析......71

　　　　　二、印度尼西亚评估咨询行业的发展概况......77

　　　　　三、印度尼西亚评估咨询行业的业务应用......78

　　第二节　新加坡......80

　　　　　一、新加坡的经济及房地产市场分析......80

　　　　　二、新加坡评估咨询行业的发展概况......87

　　　　　三、新加坡评估咨询行业的业务应用......88

　　第三节　日本......89

  一、日本的经济及房地产市场分析 89
  二、日本评估咨询行业的起源 94
  三、日本评估咨询行业的现状 95
  四、日本不动产证券化的发展历程 95

 第四节 马来西亚 97
  一、马来西亚的经济及房地产市场分析 97
  二、马来西亚评估咨询行业的发展概况 109
  三、马来西亚评估咨询行业的业务应用 111

 第五节 柬埔寨 115
  一、柬埔寨的宏观经济 115
  二、柬埔寨评估咨询行业的发展概况 116
  三、柬埔寨评估咨询行业的业务应用 117

第五章 "一带一路"倡议带来的机遇与挑战 119

 第一节 "一带一路"给沿线国家带来的发展机遇 119
  一、延伸本国经济战略 119
  二、改变世界经济格局 119
  三、带动落后地区经济发展 120
  四、推动人类命运共同体建设 120

 第二节 "一带一路"给中国带来的发展机遇 121
  一、产品扩大市场的机遇 121
  二、产业优化布局的机遇 122
  三、技术产业能力大展宏图的机遇 122
  四、经济结构优化的机遇 122
  五、统筹内外整合资源的机遇 122
  六、借船出海的机遇 123
  七、中国跨国公司大规模崛起的机遇 123
  八、打造民族品牌的机遇 123

 第三节 "一带一路"倡议给中国评估咨询行业带来的发展机遇 ... 124
  一、全行业的业务总量增加 125
  二、提高评估咨询行业服务质量 126
  三、促使评估咨询行业加速进入成熟期 126
  四、促进评估咨询行业国际化发展 127

第四节 "一带一路"倡议给中国带来的挑战 129
一、地缘政治风险 129
二、竞争加剧的挑战 129
三、矛盾冲突风险 129
四、文化多样性与文化差异带来的挑战 129

第五节 "一带一路"倡议给中国评估咨询行业带来的挑战 130
一、沿线国家的语言文化存在差异化 130
二、沿线国家的法律体系存在差异化 131
三、沿线国家的会计准则与评估标准存在差异化 133
四、沿线国家的企业管理能力存在差异化 136

第六节 把握"一带一路"机遇提出的几点建议 138
一、提供"一带一路"沿线国家的政治、经济与法律相关辅导
与专题分享 138
二、尽早出台"一带一路"评估项目中相关技术的指引性政策 139
三、搭建"一带一路"资源共享平台 139
四、制定评估项目的风险管理与防范相关文件 140
五、有计划地培养一批国际化人才 140
六、将现行的规范与国际标准相衔接 140
七、加强从业人员职业道德建设 141

附件 142
附件1 粤港澳大湾区房地产估价技术标准 142
附件2 粤港澳大湾区房地产估价技术标准（英文版）...................... 146
附件3 粤港澳大湾区房地产估价职业道德标准 151
附件4 粤港澳大湾区房地产估价职业道德标准（英文版）.............. 156

第一章

"一带一路"概述

第一节 "一带一路"倡议的时代背景

一、张骞凿空与伟大之旅

大漠孤烟，长河落日。元朔三年（公元前126年），他鬓发凌乱，长衫枯槁，立影黄沙大漠。十余载春秋，羁旅如梦，他骑过大宛的天马，喝过大月氏的葡萄酒，在妫水上荡过扁舟，远方还有奄蔡、安息、条支、身毒的书筹……堂邑父牵来马匹，他策马回首，踏上阔别十余年的故土，蹄轻沐春风，盛世长安容！

他是汉人张骞，公元前139年，他率领100多名随行人员，从长安出发前往西域。张骞寻求匈奴人堂邑父为向导，随即与月氏结盟牵制匈奴。一行人穿过河西走廊，为匈奴所擒，张骞等人持节不变，落囚十余载。后来张骞等人逃出，辗转西域各国和中亚的大宛、大月氏、康居和大夏的诸国，而且从这些地方又初步了解到了更多国家的情况。这些国家包括乌孙国（位于巴尔喀什湖以南和伊犁河流域）、奄蔡国（位于里海、咸海以北）、安息国（位于波斯，今伊朗）、条支国（位于伊拉克一带）、身毒国（又名天竺，即印度）等。

公元前126年，历经颠沛流离的百余人，仅剩张骞携胡妻与堂邑父三人归汉。回长安后，张骞将搜集来的所见所闻加以整合和梳理，并向汉武帝作了详细阐述。此次出使的成果为第二次张骞出使西域奠定了基础。公元前119年，汉武帝再任张骞为中郎，其将第二次出使西域。本次张骞率领300多名随行人员，并携带金币丝帛等相关财物数千巨万，牛羊上万头，洋洋洒洒，向西出行。

张骞团队此次出使西域，再访问中亚的大宛、康居、大月氏、大夏等国，扩大了西汉王朝的政治影响，增强西汉与西部各国相互间的了解，促进了双方经济、文化等交流。

随之，西汉王朝与各国王公贵族开始互遣使节，在战争之外，开展友谊外交和来往贸易的方式，打破了中亚地区的版图封锁。

敦煌莫高窟第 323 窟"张骞出使西域"

汉武帝元封六年（公元前 105 年），汉朝使者一路顺着张骞的足迹，寻访至今伊朗境内，并拜见了安息国的国王。觥筹交错期间，汉使为安息国国王献上了西汉盛产的光滑丝绸，安息国王非常高兴，以鸵鸟蛋和一个魔术团表演回赠西汉皇帝，这标志着连接东方的中国和西方的罗马帝国的"丝绸之路"正式建立。

历经汉唐盛世，"丝绸之路"犹如一条春之路，用同期先进的文化经济实力，沁润着沿途的所有国家，所到之处，丝绸、瓷器、火药、指南针等珍宝之物如种子般播撒，在东西方文明的土壤上绽放出姹紫嫣红。

无论是浪漫漂流的吉卜赛人，还是驼铃悠扬的波斯商人，抑或荷箱羁旅的罗马游商，他们都在传播着东方古国的神秘和富庶。探索未知、开辟世界的冒险家们，从未停止过脚步。张骞"凿空"壮行的 1100 余年后，在威尼斯的一个街头，一位名叫马可·波罗的意大利旅行家，拿着教皇的复信和礼品，与十几位旅伴一起向传奇古都寻去。此去 200 余年，西班牙国王长卷昭布，命在欧洲各国游说十几年的航海家哥伦布，登上了停靠巴罗斯港的命运之轮，揭开了古老中国与遥远的西方世界新的历史篇章。

阿尔贝·加缪曾言，一切伟大的行动和思想，都有一个微不足道的开始。他们之所以伟大，不只是在他们那个年代，迂于纯粹的利益，而是他们为后人积淀出了人类文明中历久弥熠的瑰宝。

二、郑和下西洋

永乐三年（1405年），皇宫内。

旭日冉冉，透过薄雾，铺洒在京都的层层宫闱。明成祖朱棣长袍付手，站在朱红黛瓦的阁楼上，眺望着远方。

"三宝，这北京之外是何处啊？"

朱棣回身看着眼前俯身的郑和。

"陛下，北京之外，是大明广袤河山，是谷物风调雨顺，是商贾经济繁荣，是百姓安居乐业。"

郑和虽然已经猜到了皇上朱棣的想法，但他也并未直说。自君主立位以来，励精图治，农商繁荣，国家安定，"百姓充实，府藏衍溢"。

自古君王有开疆扩土、建功伟业的宏愿，但自明太祖朱元璋提出以"不侵占"的方式积极主动发展与周边国家的联系以来，和平外交的观念一直流传下来，颇具影响。

"那大明之外呢？那遥远的藩国，遥远的国度，可知我大明？"君王不怒自威的声音传来："际天所覆，极地所载，莫不归于德化之中。"

郑和拱了拱手，诚恳道："臣愿为陛下出海远航，扬我大明国威！"

永乐三年六月十五日（1405年7月11日），两百余海船，2.7万多人齐聚刘家港（今江苏太仓市浏河镇）。

"扬帆！起航！"

在郑和的示意下，一声悠长浑厚的长吼响起，长达148米的郑和宝船长帆迎风，离开长乐太平港口，破浪远航。

此后截至宣德八年（1433年），郑和率领浩浩荡荡的船队，七次下西洋，远航西太平洋和印度洋，拜访了30多个国家和地区，其中包括苏禄、爪哇、苏门答腊、真腊、古里、彭亨、暹罗、阿丹、天方、榜葛剌、左法尔、木骨都束、忽鲁谟斯等地，已知最远到达东非的红海。

这七次航海，在政治和文化两个层面有着重要的影响。

政治上，惩治海盗，建立华夷政治体系，推广着"望着无外""怀远以德"的政治秩序；

郑和船队复原假想图

与邦交友国互通互赠，开拓海外贸易，"厚往薄来"，在扬大明国威的同时，与周边国家结下了深厚友谊。

文化上，郑和下西洋促进了伊斯兰教在东南亚等其他地区的传播扩大，推动了佛教和道教（以天妃信仰为代表）在"丝绸之路"所经国家的传播和扩大。此外，通过航海，记录了沿岸国家、地区的风貌名俗著以地理书籍以及航海图。航海的参与者中，马欢著有《瀛涯胜览》，巩珍著有《西洋番国志》，费信著有《星槎胜览》，介绍了西洋途径诸国的情况。《郑和航海图》是世界上现存最早的航海图集，也是远洋航行的宝贵资料。与同时期西方最有代表性的波特兰海图相比，《郑和航海图》制图的范围广，内容丰富，虽然数学精度较其低，但实用性胜过波特兰海图。

郑和下西洋是中国古代规模最大、船只最多（240多艘）、海员最多、时间最久的海上航行，比欧洲国家航海时间早半个多世纪，是明朝强盛的直接体现。与其他国家带有殖民侵略的航海相比，明朝的航海主要是报以和平外交为主。

永乐年间，郑和下西洋到达印度和非洲东海岸等地（按传统说法）。1434年（宣德年间），葡萄牙航海家埃尼阿斯第一次越过博哈多尔角，进入西非。1448年（正统年间），葡萄牙人在毛里塔尼亚的阿奎姆角建立第一个西非殖民据点。1492年（弘治年间），哥伦布到达美洲，随后即在今海地建立了第一个西班牙殖民地——Hispaniola。1498年（弘治年间），达伽马到达印度。1519年（正德年间），麦哲伦率领5条船的船队从西班牙塞维利亚港出发了。

郑和航行的举措远远超过近一个世纪之后的葡萄牙、西班牙等国的航海家，如著名的麦哲伦、哥伦布、达伽马等人，堪称是"大航海时代"的先锋领袖，是唯一的东方人，更是比马汉早500年提出海权论，更有说法称郑和最早发现美洲、澳洲、南极洲。

郑和下西洋航路复杂艰险，在世界航海史上是划时代的。历史浩浩汤汤，由于政治需求、航海观念的差异以及各种历史里的局限性，地理大发现与郑和船队失之交臂，但这也并不能忽略郑和下西洋的重要历史意义。通过频繁和长途的航行，串联起了亚非沿途、沿海国家和地区，拓宽了西太平洋和印度洋沿岸各国的海上交通路线，促进这条海路上的各国政治、经济、文化的发展，也为世界文明增添了浓墨重彩的一笔。

三、开启现代"陆上丝绸之路"与"海上丝绸之路"

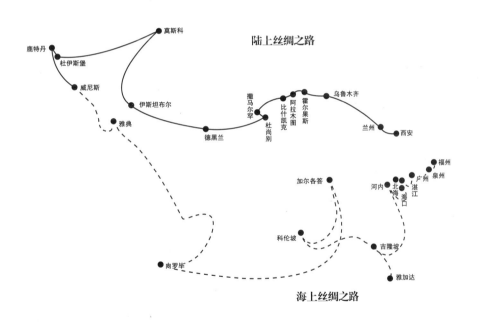

汉武帝建元年（公元前140年），为联合外族夹击匈奴，使节张骞意外开启一条通往异域的"陆上丝绸之路"。自明朝公元1405年起，宦官郑和率领240多艘海船、2.7万多人前后共7次远航西太平洋和印度洋，启程"海上丝绸之路"。历经2000年的风雨，奋进在亚欧大陆上的勤劳人民，他们足迹遍布，逐步串联出多条连接亚洲、欧洲、非洲文明的贸易和人文交流大道，创写中国联通世界的璀璨人文历史。

迈入21世纪，"陆上丝绸之路"和"海上丝绸之路"这两条在历史长流里跌宕沉浮的经济大道，在2013年硕果累累的秋日，再次迎来了通衢康庄之时！

在以和平、发展、合作、共赢为主题的新时代，面对全球经济形势的复苏乏力，国际和地区局面的纷繁复杂，传承和弘扬"丝绸之路"精神更显重要和珍贵。当前，中国经济和世界经济高度互通关联。中国要坚持对外开放的基本国策，构建全方位新格局，来深度参与并助力革新世界经济体系。建设"一带一路"，可以促进经济要素有序自由流通、资源高效利用和市场深度连接，推动沿线各国实现经济政策协调，开展更大范围、更高水平、更深层次的区域的联手共赢，共同打造包容、开放、均衡、普惠的区域经济合作架构。这既满足中国深化和扩大对外开放的需要，也符合加强与世界各国互利合作的需要。中国愿意在力所能及的范围内承担更多义务和责任，为人类和平发展作出更大贡献。

因此，在2013年，中国国家主席习近平出访东南亚和东亚各国，逐步将"和平合作、开放包容、互学互鉴、互利共赢"的"一带一路"推广给全世界。

> 为了使我们欧亚各国经济联系更加紧密、相互合作更加深入、发展空间更加广阔，我们可以用创新的合作模式，共同建设"丝绸之路经济带"，以点带面，从线到片，逐步形成区域大合作。
> ——2013年9月7日，中国国家主席习近平在哈萨克斯坦纳扎尔巴耶夫大学发表演讲时表示❶

> "中国愿同东盟国家加强海上合作，使用好中国政府设立的中国—东盟海上合作基金，发展好海洋合作伙伴关系，共同建设21世纪'海上丝绸之路'"。
> ——2013年10月3日，中国国家主席习近平在印度尼西亚国会发表演讲时表示❷

2013年12月，中央经济工作会议提出，推进丝绸之路经济带建设，抓紧制定战略规划，加强基础设施互联互通建设。建设21世纪"海上丝绸之路"，加强海上通道互联互通建设，拉紧相互利益纽带。

2014年3月，2014年《政府工作报告》提出抓紧规划建设"一带一路"。"抓紧规划建设丝绸之路经济带、21世纪海上丝绸之路，推进孟中印缅、中巴经济走廊的建设，推出一批重大支持项目，加快基础设施互联互通，寻求国际经济技术合作新空间。"

---

❶ 转自中国"一带一路"网。
❷ 同上

2014年11月，APEC峰会上，中国宣布将出资400亿美元用于成立丝路基金。共同建设丝绸之路经济带和21世纪海上丝绸之路与互联互通相融相近、相辅相成。丝路基金对外开放，欢迎亚洲域内外的投资者积极参与。

2015年2月，"一带一路"建设工作领导小组成员首次亮相，推进"一带一路"建设工作会议召开于北京。会议认真学习贯彻习近平总书记关于"一带一路"建设的重要讲话和指示精神，学习中央领导的指示批示要求，部署和安排了2015年及今后推进"一带一路"发展的重点工作内容。

2015年3月，博鳌亚洲论坛2015年年会开幕式透露，在有关各方共同努力下，"一带一路"建设的愿景与行动文件已经制定。随后，《推动共建丝绸之路经济带和21世纪海上丝绸之路的愿景与行动》正式发布。这份文件界定了"一带一路"的时代背景、共建原则和框架思路，引发世界各界高度关注。

2019年3月23日，中意签署"一带一路"备忘录。

2020年以来，新冠肺炎疫情全球流行，世界经济发展中的不稳定不确定因素增多，对推动共建"一带一路"带来新的挑战。

截至2021年10月，中国与140个国家和32个国际组织，签署了206份共建"一带一路"合作文件。

此后，博古迄今，两条古老的人文经济之路，在21世纪以"海上丝绸之路"和"丝绸之路经济带"之名，开启了时代赋予它新的篇章。

四、探索世界各国的丝绸之路

"丝绸之路"除了狭义上的文明经济古道，广义上体现的是不同时期、不同文明之间，对国与国之间的文化经济交流、种族与种族之间的和平共存乃至人类命运共同体建设的美好憧憬。所以，中国的"一带一路"与国际上的"丝绸之路"有着血脉同源的美好愿景。

"丝绸之路"提法非中国学者直言，而是19世纪末，德国地质地理学家理希霍芬在《中国》一书中，将"从公元前114年至公元127年间，中国与中亚、中国与印度间以丝绸贸易为手段的这条西域交流的道路"命名为"丝绸之路"，这一名词很快被学术界和普通大众所接采纳，并正式使用。其后，德国历史学家郝尔曼在20世纪初出版的《中国与叙利亚之间的古代丝绸之路》一书中，根据新发现的考古文物资料，进一步把丝绸之路延伸到小亚细亚和地中海西岸，确定了丝绸之路的基本内涵，即：它是中国古代经过中亚，通往南亚、西亚以及欧洲、北非的陆上贸易交往的通道。

此外，在不同时代，不同国家都在探索着各自的"丝绸之路"。

（一）波兰：琥珀之路

"琥珀之路"是古代一条运输琥珀的贸易道路，从欧洲北部的北海和波罗的海通往欧洲南部的地中海，沿途经过了欧洲多个重要的城市，维持了多个世纪。它对于波兰人的意义并不亚于"丝绸之路"之于中国人。琥珀之路的开通意味着欧洲大陆从北向南得到贯通，此后更向东开辟，连接了亚洲的波斯、印度和中国，增进了欧亚各国的商贸往来。

（二）东盟：东盟互联互通总体规划

2010年10月28日，第17届东南亚国家联盟（东盟）首脑会议在越南首府河内的国家会议中心闭幕，会议通过了《东盟互联互通总体规划》等文件，进一步加强了东盟共同体的建设，有利于促进东盟地区全方位联通，并为东亚地区互联互通铺平道路。

（三）美国：新丝绸之路计划

它是一项由美国前国务卿希拉里2011年7月正式提出的跨区域经济计划，目标是通过重建各类基础设施，帮助阿富汗融入中亚地区，并以此为中心打造一个经济圈连接中亚和南亚地区，推动完成"能源南下"与"商品北上"的战略目标。有学者认为，新丝路计划的情况说明美国对于该地区缺乏认识，中国和俄罗斯的经济项目都已开始扎根中亚地区，美国并非进入的第一股势力。美国国务院负责南亚和中亚事务的第一副助理国务卿理查德·霍格兰德大使表示：美国的"新丝绸之路计划"与中国的丝绸之路经济带建设有相似之处，可以互为补充，特别是在中亚地区能源资源开发以及基础设施互联互通等方面具有深入合作的空间。希望中美双方能加强沟通交流，探寻开展在第三国合作的具体形式，给彼此的"一带一路"都提供新的思路。

（四）俄罗斯：欧亚经济联盟

欧亚经济联盟的前身是俄罗斯、白俄罗斯、哈萨克斯坦三国之间建立的关税同盟。2014年5月29日，俄、白、哈三国总统签署了《欧亚经济联盟条约》。根据条约，欧亚经济联盟的目标是在2025年前实现联盟内部商品、服务、资本和劳动要素的自由流通，以及推行协调一致的经济政策。根据计划，欧亚经济联盟将于2016年建立统一的药品市场，在2019年之前建成共同的电力市场，2025年之前建成统一的石油、天然气和石油产品市场。2025 年还将在哈萨克斯坦的阿拉木图市建立负责调解联盟金融市场的超国家机构。该项目 2015 年 1 月 1 日正式启动。分析人士认为，中国倡导的"一带一路"倡议与俄罗斯主导的欧亚经济联盟对接前景也异常广阔，可以有效带动沿线国家的积极性和发展空间，尤其是对上合组织各成员国基础设施建设和整体经济的全面发展。

（五）印度：季风计划

2014 年 6 月，莫迪政府推出了"季风计划"，尝试"借古谋今"深化环印度洋地区的多边合作。通过"季风计划"的实施，印度谋求持续性的区域化的战略利益，维持并提升地区领导权，进而实现印度的全球战略抱负。如今的范围划定区域是从东非到阿拉伯半岛、到印度次大陆、再到斯里兰卡以及东南亚国家，在横跨印度洋的整个区域内进行经济协调。2015 年 3 月，莫迪访问印度洋 3 个国家——毛里求斯、塞舌尔和斯里兰卡时主要讨论了这个话题，除了常规性地巩固加强经贸合作之外，还希望印度洋周边国家促进船舶航海自由等。

（六）欧盟：容克投资计划

容克投资计划，即欧盟委员会 2014 年 11 月提出的意图在将欧盟经济重振的投资计划，其实施途径是通过新设立总额 210 亿欧元的欧洲战略投资基金，在 2015 年至 2017 年间释出来自私营部门约 3150 亿欧元的投资。法国、德国、波兰和意大利已宣布为欧洲战略投资基金出资 80 亿欧元，西班牙、斯洛伐克和卢森堡分别宣布出资 15 亿欧元、4 亿欧元和 8000 万欧元。欧盟表示，该战略投资基金将由欧洲投资银行和欧盟委员会共建并加以注资，欧盟委员会将从欧盟预算中出资 160 亿欧元，旨在用于长期投资标的，欧洲投资银行会出资 50 亿欧元，旨在便利中小企业融资等。资金将主要投向电信、数字、交通、能源以及教育文卫等领域。将"容克投资计划"同"一带一路"对接，将给中欧经济合作发展带来更广阔空间和更多机遇，促进中国对欧投资，深化双方金融合作，帮助中国资金、资本更好地走出去。第五次中欧经贸高层对话于 2015 年 9 月 28 日在北京成功举行，副总理马凯和欧盟委员会副主席卡泰宁共同主持对话。双方深入交流的重点就是"从战略高度推进双向投资、便利双边贸易"这一主题，并就"一带一路"倡议与欧洲投资计划对接、数字经济合作、中欧投资协定谈判等达成一致共识，特别是在"一带一路"倡议和容克投资计划的深入融合方面取得积极进展。双方同意成立工作组，就设立中欧共同投资基金的具体方案进行研究。双方签署了《关于建立中欧互联互通平台的谅解备忘录》。双方还探讨了国际产能合作意向。欧方鼓励中方与欧洲复兴开发银行深度合作，愿按照欧洲复兴开发银行现有章程和程序启动中方成员资格的相关谈判工作。

（七）印度尼西亚：全球海上枢纽战略

2014年，佐科总统竞选获胜后随即提出旨在提振印度尼西亚在亚太地区政治与经济地位的"海洋强国"战略，大力建设"海上高速公路"，倡导将印度尼西亚建成"全球海上支点、全球文明枢纽"的愿景（Poros Maritm Dunia）。在2014年11月的东盟峰会上，佐科再次宣读其施政目标是将印度尼西亚塑造成"全球海上枢纽"，并提出优先考虑建成5个支点，即复兴海洋文化、经营和保护海洋资源、发展海上交通基建、进行海上外交、提升海上防御能力。至此，"全球海上枢纽"战略有了更明确的细分。

（八）哈萨克斯坦：光明大道计划

哈萨克斯坦总统纳扎尔巴耶夫于2014年11月11日宣读"光明大道"新经济计划，即为了促进哈萨克斯坦经济结构转型而做出一系列投资。纳扎尔巴耶夫表示，哈萨克斯坦的"光明大道"计划与中方"一带一路"倡议拥有众多契合点，天然气管道、"西欧—中国西部"交通走廊以及跨境铁路等项目的建设为两国商贸合作注入了新动力。

（九）埃及：新苏伊士运河计划

2015年6月13日，埃及苏伊士运河管理局主席穆哈卜·马米什对外宣城，长达72公里的新苏伊士运河将于该年8月6日正式开通。新运河开通后，船舶通过运河的时间有望缩短一半，埃及运河年收入有望在2023年达到150亿美元。埃及政府计划沿苏伊士运河建设"苏伊士运河走廊经济带"，加大修建桥梁、港口、机场等基础设施。

进入21世纪，国际竞争逐步变成了各国之间综合国力的竞争，这是在知识经济与全球经济一体化的背景下进行的。在这场竞争中，联合争强、集团取胜的"航母式"竞争，是未来国际竞争的主要手段，欧盟已经先走一步，已联合力量与美国争高低，东亚地区正在行动。此外，这场国际竞争，更多表现为经济竞争、综合国力竞争，深刻表现为一场世界范围的"创新战"，有可能出现富国愈富、穷国愈穷的趋势。所以，各国在积极探索各自的"丝绸之路"，并积极融入他国的"丝绸之路"，以和平共处的方式去吸纳、包容不同国家的经济互通互融，以抱团取暖地方式提升自身的综合国力，在国际竞争取得相应的优势。

在不同的"丝绸之路"里，中国提出的"一带一路"倡议，以和平、发展、合作、共赢为出发点，坚持开放合作、和谐包容、市场运作、互利共赢原则，积极推进沿线国家对外战略的互相对接，旨在让古丝绸之路在当今社会的背景下二次革新，以新的形式使各国联系更加紧密，互利合作向新的历史高度迈进。自"一带一路"倡议提出以来，国际社会给予高度关注，也取得了引人瞩目的成果。

当今世界正发生错综复杂的变化，国际金融危机深层次影响继续显现，世界经济复苏缓慢、发展分化，国际投资贸易格局和多边投资贸易规则正悄然调整，各国面临的发展问题各有各的严峻。中国的"一带一路"也积极与各国的"丝绸之路"战略连通合作。共建"一带一路"顺应世界多极化、文化差异化、经济全球化、社会信息化的潮流，秉承开放的区域合作精神，致力于维护开放型世界经济和全球自由贸易体系。共建"一带一路"旨在促进经济要素自由有序流动、市场深度融合、资源高效配置，推动沿线各国实现经济政策协调，开展范围更广大、水平更高级、层次更深入的区域合作，共同打造开放、包容、均衡、普惠的区域经济合作模式。共建"一带一路"符合国际社会的根本利益，凸显人类社会共同繁荣的愿景，是国际合作以及全球治理新模式的深入挖掘，将为世界多元共荣注入生命力。

第二节 "一带一路"倡议发展现状

一、"一带一路"倡议的含义

"一带一路"（The Belt and Road，缩写B&R）是"丝绸之路经济带"和"21世纪海上丝绸之路"的简称，2013年9月和10月由中国国家主席习近平分别提出建设"新丝绸之路经济带"和"21世纪海上丝绸之路"的合作倡议。依靠中国与相关国家既有的双边或多边机制，借助既有的、行之有效的区域合作平台，"一带一路"旨在借用古代丝绸之路的原始命名，高举多元共进的大旗，积极挖掘和拓展沿线国家的经济合作伙伴关系，共同打造经济融合、政治互信、文化包容的利益共同体、责任共同体和命运共同体。

"一带一路"以世界为蓝图，贯穿亚欧非大陆，将活跃的东亚经济圈、强势的欧洲经济圈和方兴未艾的非洲经济圈连接起来，以促进共同发展、实现共同繁荣的合作蓬勃景象，增进各地区、各国之间的理解信任、商贸交流、互利互惠。"丝绸之路经济带"重点畅通中国经中亚、俄罗斯至欧洲波罗的海；中国经中亚、西亚至波斯湾、地中海；

中国至东南亚、南亚、印度洋。"21世纪海上丝绸之路"重点方向是从中国沿海港口过南海到印度洋，延伸至欧洲；从中国沿海港口过南海到南太平洋。

根据"一带一路"走向，陆上依托国际大通道，以沿线中心城市为支撑，以经贸产业园区为发展平台，共同打造新亚欧大陆桥、中国—中亚—西亚、中蒙俄、中国—中南半岛等国际输出合作通道；海上以重点港口为节点，共同建设通畅安全高效的运输大通道。中巴、孟中印缅两个经济通道与推进"一带一路"建设关联密切，要多边联动，取得飞跃进展。

自"一带一路"倡议提出以来，与中国签订"一带一路"倡议相关协议的国家、地区的数字屡创新高。

二、"一带一路"倡议中"五通"与成果

"一带一路"倡议的提出是我国实施走出去战略的重要一步，也符合世界人民共享发展成果的美好愿景。要实现"一带一路"倡议，重点在实现"五通"。"五通"指的是政策沟通、设施联通、贸易畅通、资金融通、民心相通。通过加强"五通"，以点带面，从线到片，逐步形成区域大合作。在经济领域内，加强"五通"要求参与国之间的经济要素有序自由流动，资源高效配置和市场深度融合，共同构建开放、包容、均衡、普惠的区域经济合作基础。

"一带一路"倡议提出以来，国际社会经历了一个从理解、接受到积极参与的过程。在中国的推动和周边主要国家的积极响应下，"一带一路"倡议受到广泛赞同和欢迎。与"一带一路"相伴而行的"五通"目标也取得积极进展。截至2021年10月，自2015年3月国家发展改革委、外交部、商务部联合发布了《推动共建丝绸之路经济带和21世纪海上丝绸之路的愿景与行动》至贯彻落实以来，中国已经同140个国家和32个国际组织签署206份共建"一带一路"合作文件，硕果累累。

（一）"五通"之政策沟通

作为"一带一路"建设的"五通"之首，政策沟通是开展各方面务实合作的基础，政策沟通是"一带一路"建设的重要保障。政策沟通的基本含义是：在深化利益融合、促进政治互信并达成合作新共识的前提下，本着求同存异的原则，沿线各国积极构建政府间宏观政策沟通交流的机制，就经济发展战略和对策进行充分交流对接，共同制定区域合作的规划和措施，协商解决合作中的问题，共同为务实合作及大型项目实施提供政

策支持，从而形成趋于一致的战略、决策、政策和规划，结成更为巩固的命运共同体。

自"一带一路"倡议提出以来，越来越多国家积极响应。中国与"一带一路"相关国家之间政策沟通不断深化，政治互信不断加强，取得了丰硕成果。

2016年9月，《建设中蒙俄经济走廊规划纲要》公布，标志着"一带一路"框架下第一个多边合作规划纲要正式启动实施。同年10月，中国与哈萨克斯坦联合发布《"丝绸之路经济带"建设与"光明之路"新经济政策对接合作规划》，这是"一带一路"框架下签署发布的第一个双边合作规划。

2017年4月，借着中国国家主席访问芬兰的契机，中国商务部和芬兰经济事务与就业部签署了一份《联合声明》，在中芬面向未来的新型合作伙伴关系框架下，成立中芬创新企业合作委员会。双方签署了8项商业协议，涉及金融、工程承包、清洁能源、食品等领域。在"一带一路"倡议的推动下，中芬合作可以形成一股合力，把双边关系引向深处。

2017年11月，中国香港与东盟签署自贸协定与相关投资协定，香港特区政府商务及经济发展局局长邱腾华和东盟十国经济部长在第31届东盟峰会期间签署这两份协定。这两份文件的签署将让东盟各国的商品进入更为广阔的市场，保证外来投资稳定流入东盟，还将增加东盟各国就业机会，为东盟企业特别是中小微企业提供更多商机。邱腾华表示，协定将强化香港作为贸易和投资枢纽的角色，香港在"一带一路"建设中的作用将更加突出。

2018年11月，在中国国务院总理和新加坡总理共同见证下，中国商务部国际贸易谈判代表兼副部长傅自应与新加坡贸易与工业部部长陈振声分别代表两国政府在新加坡签署《自由贸易协定升级议定书》。签署中新两国《自由贸易协定升级议定书》是落实党的十九大提出的"促进自由贸易区建设，推动建设开放型世界经济"的重要一步，对进一步发挥中新双边经贸合作潜力、深化中国与东盟国家经贸合作具有重要意义。不仅将进一步充实中新"与时俱进的全方位合作伙伴关系"的内涵，还将对深化中国与东盟的经贸关系起到积极作用。

2019年3月，中国国家主席访意行程迎来重头戏，在同意大利总理孔特会谈后，中国国家发展改革委主任何立峰同意大利副总理兼劳动和工业部长迪马约，在双方领导人的见证下，共同签署了中意政府间关于共同推进"一带一路"建设的谅解备忘录。意大利也成为首个签署这一协议的"七国集团"（G7）国家。

2019年6月，第十次中英财金对话期间，国家发展改革委宁吉喆副主任与英国国际贸易部投资部长斯图尔特在胡春华副总理和英国财政大臣哈蒙德的见证下签署中英

《关于开展第三方市场合作的谅解备忘录》。继法国、意大利、奥地利等国之后,英国成为与中国正式开展第三方市场合作的欧洲又一重要国家。根据该备忘录,双方将积极推动中英两国企业、机构按照企业主体、市场原则在第三方市场开展务实合作,并重点推动基础设施领域的投融资合作项目。

"一带一路"倡议提出以来,我国同有关国家协调政策,包括俄罗斯提出的欧亚经济联盟、东盟提出的互联互通总体规划、哈萨克斯坦提出的"光明之路"、土耳其提出的"中间走廊"、蒙古国提出的"发展之路"、越南提出的"两廊一圈"、英国提出的"英格兰北方经济中心"、波兰提出的"琥珀之路"等。同时,中国同老挝、柬埔寨、缅甸、匈牙利等国家的规划对接工作也全面展开。

(二)"五通"之设施联通

互联互通是贯穿"一带一路"的血脉,基础设施互联互通是"一带一路"建设的优先领域。在尊重相关国家主权和安全关切的基础上,推动沿线各国加强基础设施建设规划、技术标准体系的对接,共同推进国际骨干通道建设,逐步形成连接亚洲各区域以及亚欧非之间的基础设施网络。在推进设施联通过程中,还特别强调基础设施的绿色低碳化建设和运营管理,充分考虑气候变化影响。它既包括传统的公路、铁路、航空、航运、管道等的联通,也包括电力、电信、邮政、边防、海关和质检、规划等新领域的联通,从而将活跃的东亚经济圈、发达的欧洲经济圈和经济发展潜力巨大的中间广大腹地国家结成携手发展的利益共同体。

中国与众多国家一道共搭合作之桥、友谊之路,在港口、铁路、公路、航空、能源输送、通信等领域展开了大量卓有成效的合作,取得了实质性进展,互联互通水平实现质的飞跃,各国走上了一条共同繁荣发展之路。

2016年9月,亚欧信息高速公路路线图出炉,打造数字丝绸之路。2016年9月21日,《亚欧信息高速公路互联互通论坛乌鲁木齐宣言》在第五届中国—亚欧博览会上正式签署。该宣言明确,未来丝绸之路沿线国家将共建高速通信环网,主打数据中心、卫星信息通道等合作。业内专家表示,建成数字丝绸之路,须打通域内各方联通瓶颈。

2016年10月,非洲首条电气化铁路由中国制造,这条全长460英里(约合750公里)的铁路从亚的斯亚贝巴通往吉布提,吉布提以前是法国殖民地,是该国的经济增速最快的城市之一,也是红海港口。在中国资金和人员协助下建成的电气化铁路耗资27亿英镑,替代了已经破损的法国殖民时代的铁路,从亚的斯亚贝巴到海边的距离从原来的3天缩短到了12小时以内,给今后将要建成的工业园和现代农场带来极大的益处。

2016年10月8日，葡萄牙总理安东尼奥·科斯塔带领葡萄牙政府及商务代表团访华。访华期间，葡萄牙旅游局局长刘易斯·阿劳霍与北京首都航空有限公司代表签署了《关于开通中葡直飞航线合作谅解备忘录》，正式宣布新航线的开通，构建中国至葡萄牙的直航通道。近年来，葡萄牙逐渐上升为第8大最受中国旅客欢迎的欧洲目的地。两地直飞航线将是葡中两国关系史中的重要一刻，标志着两国关系更加亲密，更多崭新的商业机会将不断涌现。

2016年10月，肯尼亚内马铁路项目在卡加多郡恩贡山隧道口举行开工仪式，肯尼亚总统肯尼亚塔宣布工程开工。作为蒙内铁路的延长线，内马铁路由中国交通建设股份有限公司负责设计、施工、采购，采用中国国铁一级标准设计，从肯尼亚首都内罗毕到西部城市马拉巴，全长487.5公里，设计时速为120公里/小时，建成后将成为东非地区最长的隧道。

2016年11月，中国拿下马来西亚700亿人民币铁路大单，预计5～6年完工。该工程是马来西亚总理纳吉布为期6天的访华之行中最受瞩目的项目。全长600公里的铁路工程将连接从巴生港至吉兰丹道北等8个重要城市。根据双边协议，中国将通过马来西亚进出口银行，为马来西亚东海岸铁路项目提供550亿林吉特（约合890亿元人民币）的低息贷款。

2016年11月，中国铁建国际集团有限公司中标卡塔尔2022年世界杯主体育场建设工程项目，合同总值28亿卡塔尔里亚尔，约合51.7亿元人民币。卢赛尔体育场是2022年卡塔尔世界杯主体育场，建成后可容纳9.2万余名观众，将承担世界杯开幕式、决赛、闭幕式等重要活动。

2017年1月，中国土木工程集团有限公司与塞尔维亚铁路基础建设公司正式签约"铁路线汇合点—拉科维察—雷斯尼克"段铁路修复改造项目，标志着中国公司使用欧盟资金在塞尔维亚实施的第一个铁路项目启动。该路段修复改造后意味着建成贝尔格莱德铁路网入口，塞尔维亚将逐渐成为重要的交通枢纽。

2017年1月，中国—斯里兰卡工业园奠基仪式7日在斯里兰卡南部的汉班托塔举行。汉班托塔中斯工业园占地50平方公里，以商贸物流业为切入点，发展船舶服务和海产品加工、农副产品加工等加工制造业。工业园区的开发建设将引领和带动斯里兰卡南部地区整体发展，有利于斯里兰卡实现建设高附加值产品加工中心、国际航运中心和国际商业中心的目标，也有助于进一步促进和深化中斯双边投资和产能合作。

2017年2月，柬埔寨哥通柬中友谊大桥正式通车。哥通柬中友谊大桥是中国公司承建的第七座柬中友谊大桥，是柬埔寨交通基础设施发展的新成果，建成通车极大便利了巴萨河两岸民众的交通出行，提高了公路网的通达性，有助于促进两岸地区的经济发展，是名副其实的"惠民之桥"。中方将继续支持柬道路桥梁、水利设施、电网等基础设施建设，使中柬合作成果更多惠及基层民众。

2017年4月，由中国水利水电建设股份有限公司承建的尼日尔古胡邦达重油发电站项目正式竣工。尼总统马哈马杜·伊素福在致辞中说，尼亚美和周边地区频遭电荒，中国帮助修建的发电站对于解决尼亚美等地用电问题具有重要意义。他感谢尼中两国的真诚合作，感谢中国建设者们的坚守和努力。

2017年6月，中缅油气管道的建成投运标志着中国东北、西北、西南和海上四大油气进口通道的布局已基本成型，不但为我国油气进口多元化格局提供了西南新路径，更为重要的是开辟了缅甸油气进出口新通道，有效缓解当地能源不足。中缅油气管道是中国在缅投资最大的国际化大型能源合作项目，也是缅甸境内重要的能源动脉和能源基础设施。该项目始终遵循国际惯例和商业模式，大力实施精细化管理，建设运营近10年，得到了各方的充分肯定，成为中国企业"走出去"的样本工程，也是"一带一路"建设的经典范例。

在"一带一路"倡议下，中国与其他国家，再次详密打造"海陆空"交通网，中方企业走出国门，在东南亚、中亚、非洲等地区修建铁路高铁，参与大型国家基础设施建设，为两国的经济贸易往来和人文友谊掀开了新的篇章。

（三）"五通"之贸易畅通

贸易畅通是"一带一路"建设的重点内容，旨在激发释放沿线国家的合作潜力，做大做好合作"蛋糕"。采取的措施主要包括：沿线国家共同建设自由贸易网络体系，消除投资和贸易壁垒，促进贸易和投资便利化；共同商建自由贸易区，构建区域内和各国良好的营商环境，激发释放合作潜力；共同提高技术性贸易措施透明度，降低非关税壁垒，提高贸易自由化便利化水平；共同拓宽贸易领域，优化贸易结构，挖掘贸易新增长点，促进贸易平衡；把投资和贸易有机结合起来，以投资带动贸易发展，在投资贸易中突出生态文明理念，加强生态环境、生物多样性和应对气候变化合作，共建绿色丝绸之路；共同优化产业链、价值链、供应链和服务链，促进沿线国家和地区产业互补、互动与互助；共同探索新的开放开发之路，形成互利共赢、多元平衡、安全高效的开放型经济体系。

在贸易畅通方面，投资贸易合作是"一带一路"建设的重点内容。世界经济发展以"构建利益共同体、责任共同体和命运共同体"为追求目标的新理念，取代了西方发达国家单纯追求投资方利润最大化的旧观念。"一带一路"顺应了经济发展的新理念，在贸易

2017年5月举办的"一带一路"国际合作高峰论坛
(转自中国"一带一路"网)

领域获得了广泛的支持。相关参与国列出了大把项目清单等待投入；国内的政府和企业积极性更高，很多项目已动工，其他一些准备走出去的企业已与部分国家签署了多个共建"一带一路"合作备忘录。

2016年10月，澳大利亚史上最大民间贸易团访华，此次代表团有超过200名成员，其中包括昆士兰州政府的部长、农业生产商和出口商，他们此次上海之行的目的是进一步发展澳大利亚与中国之间每年总额达1600亿澳元的贸易关系。该代表团涵盖的行业包括健康、老年护理、农业、教育、制造业和旅游业。代表团成员参观了阿里巴巴集团的杭州园区和上海洋山深水港等地。

2017年5月，中国国家主席在首届"一带一路"国际合作高峰论坛上宣布，中国从2018年起每年举办中国国际进口博览会。中国国际进口博览会是世界上第一个以进口为主题的大型国家级展会，旨在坚定支持贸易自由化和经济全球化、主动向世界开放市场。举办中国国际进口博览会是中国政府坚定支持贸易自由化和经济全球化、主动向世界开放市场的重大举措，有利于促进世界各国加强经贸交流合作，促进全球贸易和世界经济增长，推动开放型世界经济发展。

中国国际进口博览会包括展会和论坛两个部分。展会即国家贸易投资综合展（简称国家展）和企业商业展（简称企业展），论坛即虹桥国际经贸论坛。首届中国国际进口博览会共有82个国家、3个国际组织设立71个展台，展览面积约3万平方米，各参展国将展示国家形象、经贸发展成就和特色优势产品。国家展中，印度尼西亚、越南、巴基斯坦、南非、埃及、俄罗斯、英国、匈牙利、德国、加拿大、巴西、墨西哥共12个主宾国均设立了独具特色的展馆。作为东道主，中国设立了中国馆，包括港澳台展区。

2017年12月，在中国国家主席和马尔代夫总统共同见证下，中国商务部国际贸易谈判代表（正部长级）兼副部长傅自应与马尔代夫经济发展部部长穆罕默德·萨伊德分别代表两国政府在人民大会堂签署《中华人民共和国政府和马尔代夫共和国政府自由贸易协定》。中马自贸协定是中国商签的第16个自贸协定，也是马尔代夫对外签署的首个双边自贸协定。协定的签署既是党的十九大提出的"促进自由贸易区建设，推动建设开放型世界经济"的最新成果，也是双方按照领导人共识，巩固和加强两国面向未来的全面友好合作伙伴关系的重要举措，树立了规模差异巨大的国家间开展互利合作的典范，在两国经贸发展史上具有里程碑意义，将有力推动双边经贸关系取得更大发展。

2018年2月，英国首相特雷莎·梅表示，她对中国的访问在经贸方面取得了巨大成功。英国政府称，中国和英国企业签署了总额超过90亿英镑的合作协议，其中涉及航空、能源和农业领域。据路透社2月2日报道，英国政府2日表示，在首相特雷莎·梅本周访华期间，英国签署了价值超过90亿英镑的交易，将在英国各地创造2500多个就业岗位。

2018年5月，日本通运启用中欧铁路实现日欧联运。日本大型物流企业——日本通运公司21日起开始利用中欧铁路提供日本和欧洲之间的联运服务，这将大大缩短货物从日本送达欧洲所需的时间。日本通运公司日前提供的新闻公报说，新服务提供两条运输途径：一条是从日本东京、横滨、名古屋、大阪、神户这些主要港口走海运至中国大连，再从大连经铁路到达德国杜伊斯堡；另一条是从成田、羽田、中部、关西等日本的主要机场走空运到中国重庆，再从重庆用铁路运输至杜伊斯堡。公报说，在海陆联运的情况下，从东京港到杜伊斯堡运输周期将由之前的40天缩短至28天。在空陆联运的情况下，根据整柜和拼箱运输方式的不同，从东京成田机场到杜伊斯堡火车站的运输时间分别为22天和24天。

2018年11月，泰国媒体称，泰国正推进落实与中国经济合作的升级计划，同意就加强两国贸易与经济伙伴关系达成全面框架协议，旨在2021年之前将双边贸易提高1倍，至1400亿美元。据泰国《曼谷邮报》网站11月8日报道，泰国商务部部长长颂迪拉·颂迪集拉翁指出，中泰全面合作包括七大领域，即贸易、投资、科技、数字技术、旅游、金融和地区经济合作。

2019年1月，巴西经济部数据显示，在"一带一路"倡议的鼓励下，巴西对华（包括港澳地区）出口666亿美元，同比增长32.2%，中国连续10年为巴西第一大贸易伙伴，占巴西出口比重从2017年的23%升至27.8%，巴西对华主要出口大豆、原油、铁矿石、牛肉、鸡肉、棉花等产品。

2019年4月，中国与智利签订自贸协定的12年间，智利向中国出口的非铜产品329种，纸浆、樱桃和瓶装红酒增长尤为迅猛。自贸协定大大降低了优质农产品等智利优势出口品种的关税，极大促进了非铜产品对华出口，尤其是纸浆、樱桃、铁、三文鱼和鳟鱼、鲜食葡萄、各类木制品、锂、瓶装红酒和猪肉，其中表现最为抢眼的是樱桃，出口额从2006年的100万美元增长为2018年的10亿美元。各界看好中智贸易发展潜力。

2020年1月，中国与马来西亚探索共建"两国双园"跨国自贸合作示范区。中马双方正以构建跨国产业链和服务链为目标，积极探索建设"两国双园"跨国自由贸易合作示范区，创造更多可复制的经验。由中国和马来西亚共建的中马钦州产业园和马中关丹产业园，开创了"两国双园"的"一带一路"产业合作新模式，将建设成为中马投资合作旗舰项目和中国—东盟合作示范区。中马钦州产业园已经形成棕榈油、燕窝、清真食品、生物医药、高新电子、新能源等为主的产业集聚；马中关丹产业园区形成以钢铁、轮胎、玻璃、铝型材等为主的产业集群。

贸易是推动经济增长的重要引擎。随着"一带一路"建设落地生根，中国与"一带一路"相关国家间市场更加开放，贸易便利化水平不断提高。比如，中国与东盟通过中国—东盟博览会实现了产品、市场、资金的无缝对接。而且随着中国—东盟博览会影响力和知名度不断提升，参与国家也从原来的中国—东盟"10+1"拓展到了"一带一路"相关国家。目前，已有斯里兰卡、哈萨克斯坦、英国、韩国、澳大利亚等国家参与，越来越多的国家和民众正在共享中国—东盟区域经济增长所带来的红利。

据统计，2017年中国与东盟贸易额达到5148.2亿美元，中国连续9年成为东盟第一大贸易伙伴，东盟则连续7年成为中国第三大贸易伙伴。2020年，中国与东盟贸易额6846.0亿美元，同比增长6.7%。其中，中国对东盟出口3837.2亿美元，同比增长6.7%；自东盟进口3008.8亿美元，同比增长6.6%。越南、马来西亚、泰国为中国在东盟的前三大贸易伙伴。商务部副部长高燕表示，中国将与东盟共同推进"一带一路"建设合作，将"一带一路"倡议与东盟共同体建设以及东盟各国发展规划密切对接，进一步分享中国—东盟自贸区建设和升级合作带来的红利，推动经贸合作再上新台阶。

（四）"五通"之资金融通

资金融通是"一带一路"建设的重要支撑。主要举措包括：沿线国家深化金融合作，推进亚洲货币稳定体系、投融资体系和信用体系建设，通过提供更多惠及各方的公共金融产品，推动金融系统化；共同推进亚洲基础设施投资银行、金砖国家开发银行筹建，加快丝路基金组建运营，发挥丝路基金以及各国主权基金在"一带一路"重点项目建设中的资金引导作用；扩大沿线国家双边本币结算和货币互换的范围和规模，推动亚洲债券市场的开放和发展，支持沿线国家政府和信用等级较高的企业及金融机构在中国境内发行人民币债券，符合条件的中国境内金融机构和企业可以在境外发行人民币债券和外币债券，发挥各国融资作用；深化银行联合体务实合作，以银团贷款、银行授信等方式开展多边金融合作，引导商业股权投资基金和社会资金参与"一带一路"重点项目共建；加强金融监管合作，完善风险应对和危机处置的制度安排，构建区域性金融风险预警系统，形成应对跨境风险和危机处置的交流合作机制，助推经贸合作深化发展。

融资瓶颈是"一带一路"互联互通的挑战之一。推动构建长期、稳定、可持续、风险可控的多元化融资体系，提供足够的资金保障，促进各国资金融通，是"一带一路"建设的关键点之一。

货币融通领域开局良好，政府主导的亚洲基础设施投资银行、金砖国家开发银行、上海合作组织开发银行、丝路基金等正在加速建设，其中部分机构已开始运营。中国人民银行分别与多国央行签署了双边货币互换协定，建立人民币清算安排。政策性银行更是做了很多贡献，国有银行及股份制银行、民营银行已经开始在相关参与国进行网点布局，并开发"一带一路"金融服务产品。以中国银行为例，其成功发行的"一带一路"债券，首次实现四币同步发行和五地同步上市，开办了人民币对哈萨克斯坦坚戈、俄罗斯卢布的远期和掉期业务。

2016年9月，国家发展改革委副主任宁吉喆7日在广州出席第二届对非投资论坛时表示，近10多年来中非合作快速发展，目前中国对非各类投资存量已经超过1000亿美元，有3100多家中国企业在非洲投资经营。中非产能合作以中非共同发展为目标，以双方企业为主体，以基础设施建设、工业发展、资源能源开发为主要领域，以直接投资、承包工程、装备贸易与技术合作为主要形式，支持非洲工业化、城市化、信息化建设。宁吉喆介绍说，中国国家发展改革委已经与埃塞俄比亚、埃及、刚果（布）等7个国家签署了产能合作框架协议并商定了优先合作领域和重点项目，同时，正在与肯尼亚、南非、坦桑尼亚、喀麦隆等国商签署产能合作框架协议。在各方的积极参与下，大批铁路、公路、港口、机场、电力、通信等标志性项目正在有序推进，有效带动非洲国家产业发展，建筑建材、工业制造、农产品加工等行业快速成长。

2016年12月，商务部部长高虎城26日表示，中国双向投资进入新阶段，预计

2016年全年实际吸收外资（不含金融领域）约7850亿元人民币，连续25年居发展中国家首位。中国吸引外资提质增效，前11个月，实际使用外资金额7318亿元人民币，其中，服务业实际吸收外资增长8%，占比70.1%，提高2.6个百分点。高虎城指出，今后吸引外资的重点是高端制造业和现代服务业。这些产业主要看重制度和环境，要抓好自贸试验区经验复制推广，加强事中事后监管。未来，商务部将优化法治化营商环境，打造利用外资的"制度高地"，引资引智引技并举，充分发挥外资促进实体经济发展的重要作用。

2017年3月，十二届全国人大五次会议迎来在北京梅地亚中心的首场记者会。记者会上，国家发展改革委主任何立峰和副主任张勇、宁吉喆就经济运行、实体经济发展、价格走势、去产能、"一带一路"等热点问题作出回应。中国对"一带一路"沿线国家投资超过500亿美元，何立峰介绍说，"一带一路"倡议已经得到世界上100多个国家和国际组织的响应和支持。中国先后和沿线国家签订了近50份政府间合作协议以及70多份与包括一些国际组织在内的部门之间的合作协议。经过共商，推动共建了一批标志性的合作工程。

2017年4月，香港证券及期货事务监察委员会（香港证监会）发表声明说，市场对以发展中国家为基地的基建工程项目的潜在投资回报深感兴趣。香港证监会认为"一带一路"是中央政府提出的倡议，旨在促进亚洲、非洲和欧洲地区的互联互通及长期发展。香港拥有独一无二的地位，可透过其资本市场便利实施与基建投资有关的措施。香港证监会表示，虽然基建工程公司涉及风险较多，但在处理涵盖"一带一路"基建工程项目公司的上市申请时，若满足条件，均可被视为有助已察觉的投资风险，减低香港证监会反对其上市的可能性。

2017年7月，经国务院批准，中国人民银行与阿根廷央行续签了中阿（根廷）双边本币互换协议，旨在促进两国经济和贸易发展。协议规模为700亿元人民币/1750亿阿根廷比绍，协议有效期3年，经双方同意可以展期。

2017年7月，匈牙利国家经济部负责金融的国务秘书霍尔农格·阿格奈什26日宣布，匈牙利将发行价值10亿元人民币的熊猫债，为期3年，收益率为4.85%。这笔债券是匈牙利首次进入中国银行间债券市场发行人民币债券，所募资金将用于"一带一路"建设相关合作项目。霍尔农格表示，人民币熊猫债的发行具有象征意义，将进一步加强匈中金融领域间的合作，巩固匈中经济关系，未来所募资金将用于支持"一带一路"相关项目。匈牙利作为发行人获穆迪、标准普尔、惠誉评级分别为Baa3、BBB-、BBB-，此次发债所得将转为欧元，亚洲区域的投资者也可参与认购，预计将筹得约1.3亿欧元。

中国银行和汇丰银行（中国）为匈牙利该期人民币债的联席主承销商。2016年4月，匈牙利已在中国香港成功发行过10亿元人民币点心债。

2017年9月，据《菲律宾每日问询者报》报道，由中国倡议成立的亚洲基础设施投资银行（以下简称"亚投行"）批准为菲律宾提供5亿美元的共同融资，用于改善大马尼拉地区的防洪管理能力。报道称，这是亚投行向菲律宾提供的首笔贷款。根据亚投行网站消息，该行已于27日拨款2.0763亿美元，用于资助改善马尼拉地区的防洪设施。亚投行的文件显示，该项目涉及面积1.11万公顷，占整个马尼拉地区的17%，将影响约97万人的生活。项目预计需要约5亿美元，将由亚投行、世界银行及菲律宾政府共同出资实施。据亚洲开发银行估算，菲律宾2010年至2020年基础设施建设资金缺口达1271.2亿美元。《菲律宾每日问询者报》认为，菲律宾需要亚投行帮助其发展基础设施建设，因为亚投行是一个现代化、多边的组织，菲律宾可以通过亚投行这个更透明的窗口获得资金。

2018年5月，中国人民银行发布消息，中国人民银行与巴基斯坦国家银行续签了中巴双边本币互换协议，旨在便利双边贸易投资，促进两国经济发展。据中国人民银行消息，协议规模为200亿元人民币/3510亿巴基斯坦卢比，有效期3年，经双方同意可以展期。双边本币互换协议是指一国（地区）的央行（货币当局）与另一国（地区）的央行（货币当局）签订协议，约定在一定条件下，任何一方可以一定数量的本币交换等值的对方货币，用于双边贸易投资结算，或为金融市场提供短期流动性支持。到期后双方换回本币，资金使用方同时支付相应利息。

2018年7月，中国国家主席在中阿合作论坛第八届部长级会议开幕式上宣布，中方将成立"中国—阿拉伯国家银行联合体"（以下简称"中阿银联体"），配备30亿美元金融合作专项贷款。7月12日，中阿银联体成立仪式暨首届理事会会议在北京举行，各成员行共同签署了《关于中国—阿拉伯银行联合体成立宣言》。中阿银联体是中国与阿拉伯国家之间首个多边金融合作机制，由中国国家开发银行牵头成立，创始成员行还包括埃及国民银行、黎巴嫩法兰萨银行、摩洛哥外贸银行、阿联酋阿布扎比第一银行等具有区域代表性和影响力的阿拉伯国家银行。

2018年11月，马来西亚中国银行发布消息，该行于正在上海举行的首届中国国际进口博览会（进博会）上和马来西亚对外贸易发展局签署合作备忘录，将助力马来西亚企业开拓中国市场及进军国际市场。马来西亚中国银行（以下简称"马中行"）副行长郑瑞锦表示，进博会的成功展现出中国越来越向世界开放的姿态，这对马来西亚企业而言是巨大的市场机遇，马中行将通过此一合作备忘录，积极扮演马来西亚企业进军中国的"桥梁"角色。他介绍，根据合作备忘录，马中行将成为马来西亚对外贸易发展局指定银行合作机构。马中行将为马中企业搭建对接平台和交流渠道；为马来西亚企业进军中国市场提供政策解读、经商环境介绍等服务；为马来西亚企业提供定制化贸易融资产品及服务，并给予专业咨询服务和解决方案；为马来西亚企业及马中之间投资贸易提供包括结算、融资在内的更多便利。

2019年7月，中国进出口银行发布消息，进出口银行非洲业务已覆盖46个国家，累计签约金额超过6000亿元人民币，支持了一大批经济社会效益突出的重大项目。中国进出口银行副行长谢平说，中国进出口银行未来将着力做好对非业务发展规划；提升长期发展潜力和实现近期效益；支持"投建营"一体化，升级互利合作模式；严控项目建设质量；践行新发展理念，加大对绿色清洁能源、新能源和可再生资源开发利用等领域的扶持力度。

2019年11月，中国建设银行在伦敦金融城举行活动，庆祝中国建设银行（以下简称"建行"）获任英国人民币清算行5周年，累计清算总量突破40万亿元人民币。中国建设银行董事长田国立在致辞中表示，建行自获任英国人民币清算行5年来，不断提升人民币综合服务能力，全力参与伦敦离岸人民币市场建设，积极推进中英财金合作，有力提高了人民币国际化水平。建行伦敦分行已成为亚洲地区以外规模最大的人民币清算行，是伦敦市场主要人民币报价行和做市商。中国驻英国大使刘晓明说，金融合作是中英合作最具活力和潜力的领域之一。英国人民币清算行地处伦敦这一全球金融中心，借助独特时区优势，协同北京和纽约两大资源，不仅实现了人民币清算业务对亚洲、欧洲和美洲主要工作时段的覆盖，更使伦敦成为中国与世界各国开展离岸人民币业务的重要平台。

2020年1月，中乌人民币境外项目贷款实现"零的突破"，5亿元人民币支持"一带一路"项目建设。中国、乌兹别克斯坦首笔人民币境外项目贷款业务成功落地，将优先支持双边贸易往来及"一带一路"项目建设。2019年8月，在上合组织框架下，国家开发银行新疆分行与乌兹别克斯坦国家对外经济活动银行成功签订首单中乌人民币贷款合同，合同总金额5亿元人民币。近期，国家开发银行新疆分行成功发放了首笔中乌跨境人民币贷款。据了解，乌兹别克斯坦是中亚经济体量仅次于哈萨克斯坦的"一带一路"沿线国家，也是我国推动人民币向西走出去的关键节点。

"一带一路"倡议本身的势头就足以为新手段、新市场操作和新市场准入创造机遇，这些新的元素都可以带来利益，归根结底是资金融通带来的红利。"一带一路"上，人民币作为全球货币的重要性必然会有显著提升。这一倡议可能会通过新的金融基础设施项目,开创一个可以与现存制度并行的金融制度。总之,就像习近平主席所讲的那样:"金融是现代经济的血液。血脉通,增长才有力。"

(五)"五通"之民心相通

民心相通是"一带一路"建设的社会根基。作为一项沟通多元文化和众多国家的重大战略构想,"一带一路"能否成功,从根本上取决于民心能否相通,直接体现在沿线国家人民的获得感、认可度和参与度上。为此,沿线各国要传承和弘扬丝绸之路友好合作精神,广泛开展文化交流、学术往来、人才交流、媒体合作、科技合作、青年和妇女交往、志愿者服务等领域的务实合作,增进相互了解和传统友谊,为深化双边和多边合作奠定坚实的民意基础。具体措施包括:加强沿线国家民间组织的交流合作,充分发挥政党、议会交往的桥梁作用,推动沿线国家智库之间开展联合研究、合作举办论坛,加强文化传媒的国际交流合作,促进不同文明和宗教之间的交流对话,等等。

"一带一路"旨在建立互利互惠共同体,让广大民众共享经济发展成果。在此背景下,通过加强沿线国家之间的文化交流、人才往来,为深化双多边合作奠定坚实的民意基础。以学术交流为例,国内智库举办"一带一路"主题论坛及研讨会,宣传政策,还建立了"一带一路"百人论坛及"智库合作联盟",以适应从愿景阐释到实施细节中攻坚克难、问题研究的转变。

在"一带一路"倡议下,中国与"丝路"沿线的国家、地区在人文沟通和友谊情怀上摩擦出来真挚故事,数不胜数。有孔子学院在各个国家落地生根、遍地开花,将东方的魅力传播;有"文化高铁"跨界故事,将在一列列火车上的跨国友谊温情呵护;各种以音乐、书法、图书等艺术形式开展的文化交流活动,在国与国之间来回流动,丰富着种族与种族之间的文明;以美食、运动、旅游等多彩生活形式开展的文化交流,更是让不同国家、不同种族间,慢慢打破枷锁,以包容接纳的方式,去发现彼此之间的文化之美。

民心相通是价值的认同、文化的包容和相互尊重,建设好"一带一路",民心相通是关键。同时,做好本国的事情是"一带一路"倡议成功的基石。在经济上继续推进改革开放,在社会、国家治理方面继续推进中国的民主和法治进程,是中国崛起的重要前提。

三、"五通"目标的实现策略

"一带一路"建设是一个复杂而庞大的系统工程,在这一工程中实现"五通"目标如要实现，就需要各个方面都能稳妥扎实地向前推进。尽管已经可以看到"五通"目标取得了阶段性成果，但"五通"的实现仍是一个长期的过程，需要时间验证和多方推动。在这个过程中，仍需要因地制宜的策略指导。"五通"实现的前提条件是参与各方能够在一个平台上自由往来交互，从而保证"一带一路"顺利推进，再到"五通"的全面实现。具体来讲，应具体包含以下几个方面：

一是法治建设的完善，不留法律规管的空隙。"一带一路"倡议被视作亚欧非区域的合作新框架，区域广袤，涉及跨境投资领域多元化，且参与主体繁多，项目结构复杂，其内部的运作急切需要可以依照的法律与原则。目前，与"一带一路"有关联的亚欧非国家已经逾60个，这些国家的法律体系不尽相同，包括大陆法系、英美法系及伊斯兰法系。不仅法系间差别很大，即使同一法系内部也彼此不同。此外，一些国家还存在法制缺失、空白，或者不健全的情况。在这种情况下，唯一可行的办法就是通过国际惯例统一大家的行为，维护核心利益。总体而言，这些惯例应便于查找，涵盖各种各样的情形，并且具有很强的可操作性。其中，惯例的内容应涵盖金融、保险、贸易、工程、海关、税务、行规、知识产权、劳动仲裁等各个方面，并从这些方面对目前已有的国际惯例逐一进行规范梳理。"一带一路"必须建立在有法可循、有法可依的基础之上，通过与相关国家和地区签订一系列投资和贸易合同文件、成立国际组织、制定相关章程等方式来实现规范化。只有实现法治化，才能确保"一带一路"过程的纠纷可以尽可能地顺利解除，保证各方能为这个大目标坚持下去。共同法规的制定过程其实也是国与国之间加强政策沟通和彼此理解的过程，最终确定的法规也会在未来时期内保证政策沟通的顺畅。

二是规划统筹，控制投资风险。"一带一路"金融服务具有其特殊性：第一，初期投入高、缺口大，系统工程大到空前、投资总额也数以万亿元，并且伴随着难以测算的巨大缺口。第二，周期长，"一带一路"还是以基础设施建设项目为主，而基建项目伴随着投资周期长的特点，项目越长各类风险就越高。第三，跨大洲工程，"一带一路"沿线的国家政治、经济、社会发展不平衡，文化、法制差异巨大，一些看似不错的项目可能受到种种政策因素制约。第四，沿线国家期望值普遍偏高，"一带一路"沿线的部分国家受自有资金和融资制约，经济发展长期滞后，出于对中国的信任，这些国家产生了投资冲动，投融资需求比比皆是，对投融资依赖程度较大，但短时间内投入过多雷同项目会产生风险叠加。第五，投融资壁垒，具体表现为缺乏国际投融资实际操作经验的高精尖领袖，国际局势起伏波动难以提供一个相对稳定的投融资环境，投融资运用方国家与我国在政治、法制、宗教、安全等方面的差异可能对回收投资出现诸多不利影响。基于以上特点，需要对投入的项目列出可行的项目清单，搞清楚每个项目的融资模式和资本结构，并及时将风险分散化，再根据我们的风险偏好和容忍度，预设警戒线并进行动态调整，对各种不利情况设立预案，并设专门机构和人员进行专业精细化的投后管理。

三是注意资金利用的有效性。需清醒认识当下的"走出去"与过往的"走出去"是不同的。首先，过去完成一单货物，保质保量就能安全收汇，建立信誉；完成一个工程，保质保量就可大功告成，鸣金收兵。而现在，则需要考虑贸易合作的长期性、项目持续运营的稳健程度。其次，过去的两方贸易合作只需面对一个政府，而这次是外有美国再次落子亚洲的挑战，内有多个项目参与国之间的矛盾冲突，所以会不可避免地出现摩擦与障碍。因此，有限资金的有效利用，项目收益情况及投入资产的循环使用都必须慎重考虑，要分清轻重缓急，不能过分追求快速和投资回报。"一带一路"整体建设应该如此安排，每个参与承担项目的参与国都应该提前做好布局规划。

四是创新金融服务，帮助企业穿针引线。"一带一路"的金融服务需求超出了现行国内外金融机构已有的服务品种，国内外对金融支撑"一带一路"建设以及金融创新要求的呼声无处不在。金融机构除了积极响应"一带一路"建设上的金融诉求，也要研究清楚这些需求潜在的风险点，做好风控和问题应对措施，避免不必要的纷争。金融大动脉的畅通无阻是经济大动脉稳健运转的基石。对于"一带一路"金融服务创新的建议，着重关注如下几点：第一，顶层设计师可以适当放松项目投融资的流动性；第二，国有银行联袂国际财团联合投融资；第三，投融资类型的革新，先予后取式全包类型投融资服务等。此外，金融服务还应根据需求研发多种大项目融资方式，支持有发展潜力的中小企业以进一步推动当地就业；建立多币种支付结算渠道，并能为企业资金归集、保值、科技赋能提供金融附加服务；网络银行要能够提供跨国家、跨币种的大额实时现金和汇票的支付清算，还要加快人民币离岸市场建设等。

五是避免恶意竞争。参与"一带一路"的各类企业不能发生内讧，避免价格战。充分发挥行业协会作用，在国内首先实现企业间的"五个互通"（信息、战略、行动、成果和教训及时互通），形成共管效果。需要注意的是，选择项目供应商可以是多渠道的，筹资也是可以是全球范围配置的，所以要提高硬实力，避免发达国家控制高端科技，实力接近或者地缘接近的竞争国抢了低端劳务的先机；金融业要避免重复开发类似产品，创新业务避免名存实亡，不能落地；产品应合理报价，平等竞争，和谐竞争，更要避免以往扎堆设行现象。

第二章

中国评估行业的发展与成就

第一节 资产评估行业

一、资产评估行业发展回顾

回顾中国的历史,早至商周时期,已有房地产评估相关思想萌芽。唐宋时期,专门从事评估活动的中介人员已有"评议人""庄宅牙人"等专门称谓。现代意义上的中国评估行业兴起于改革开放初期,在传承先人评估智慧的基础上,广泛汲取英美国家评估行业理论结晶和实践经验,结合我国特色国情,紧紧服务于中国特色社会主义现代化建设全局,30多年间实现了跨越式发展壮大。

中国评估行业形成了以资产评估、房地产估价和土地估价为主体的专业服务体系;打造了一支诚信守法、专业素养和服务水平高的评估队伍,据不完全统计,中国评估机构超过1.4万家,专业评估师(估价师)人数超过13万,行业从业人数60多万。

根据专业领域划分,中国评估行业由资产评估、房地产估价、土地估价、矿业权评估、保险公估和二手车鉴定评估六大专业构成。其中,资产评估、房地产估价和土地估价涉及的经济行为和覆盖的经济社会生活面最为广泛,业务类型最为多样,业务数量最为庞大,创造的营收占整个评估行业的近90%,在经济社会发展中发挥的作用也更为突出。从最初的国有企业股权转让交易价格评估、城镇住房交易和土地使用权转让交易评估等传统评估服务,到服务于国有企业混合所有制改革、企业上市IPO、并购重组、增资扩股、海外投资并购、房地产税收及抵押拍卖、PPP、城市更新、财政预算绩效管理、知识产权保护、司法鉴证、尽职调查、生态环境保护等各种经济活动,呈现评估和咨询服务齐头并进的多元化发展趋势,是全面深化改革、扩大开放的发展智囊,在促进社会主义市场经济健康发展中担当着不可或缺的重要角色。

"一带一路"是新常态下经济发展的重要动力引擎。推进"一带一路"建设，加强与相关国家互联互通，是党中央、国务院在经济发展新常态下，统筹国内国际两个大局作出的重大战略决策，是我国经济转方式、调结构、区域协调发展的重要举措，无疑将成为新常态下经济发展的重要动力引擎。作为现代服务业重要组成部分，我国资产评估行业在服务国有企业改革、资本市场发展和对外开放事业等方面发挥了积极作用，已成为社会主义市场经济体系重要组成部分。"一带一路"倡议的深入推进，为我国资产评估行业在新时期、新阶段谋取国际化新发展、做出新贡献提供了重要机遇和有利环境。

二、资产评估行业的执业资格制度

中国资产评估行业的各项制度和各项事业都在不断推进和完善，以法治化、规范化、专业化的服务为经济社会发展赋能。在资产评估行业自律监管方面，1993年中国资产评估协会正式成立，标志着中国资产评估行业的管理体制开始走上政府直接管理与行业自律管理相结合的道路。发展至今，中国资产评估协会已成为推动中国资产评估行业健康发展并在国际上有较大影响力的专业组织，在行业自律监督和管理中发挥着不可替代的作用。

在资产评估机构执业资质方面，中国资产评估行业形成了以资产评估资质为基础、证券业务资产评估资质为补充的高低分层差异化执业资质制度。要在中国内地开展资产评估服务的企业，必须取得资产评估资质，而要从事证券相关资产评估业务，则需更具专业实力，按照相关规定向中国证监会和国务院有关主管部门备案，并获得备案通过。

在执业资格制度方面，通过发展完善自1995年建立起来的执业资格考试制度和资产评估师执业资格制度，培养和选拔资产评估专业人才，为中国资产评估行业发展提供源源不断的人才资源。从1996年举办第一次资产评估师考试到2020年，我国共组织了23次资产评估师全国统一考试。截至2019年12月31日，累计有超过80万人报考资产评估师职业资格考试，5.88万人通过考试取得了资产评估师职业资格证书。目前全行业共有资产评估师38474人（数据来源于《中国资产评估》2021年第3期），最近两年（2019年、2020年）通过资产评估师职业资格考试全科合格人数分别为6037人、5480人。

三、资产评估行业的法律制度

在中国资产评估行业的法律制度建设历史上，走的是一个认识逐步加深、法律制度不断发展完善的过程。最开始的资产评估相关规定在法律层级上基本属于部门规章一级，主要规定哪些经济行为要进行资产评估、资产评估机构设立的条件、资产评估项目的立项审批等，法律层级不高、内容涉及面较窄且阶段局限性较大，政策经常需要因时而变。随着经济社会的改革发展，资产评估在维护市场经济秩序中的作用日益得到重视，资产评估需要更加完善的法律引导，资产评估行业需要在法律层面得到提升。

1. 《资产评估法》

《资产评估法》自2016年12月1日起施行。这是我国资产评估行业的第一部基本法，它的出台填补了我国资产评估领域的法律空白，是我国资产评估行业进入依法治理新时代的重要标志，对行业的规范与良性竞争起到了积极的作用。

由于资产评估涉及的范围相当之广，包括房地产评估、机器设备评估、无形资产评估、企业价值评估、珠宝评估、农林资源评估等，每一种业务都有着不同的准则规范。《资产评估法》的出台为评估业务的活动、对评估结果的使用、评估专业人员的从业行为以及行业的监管提供了统一的法律准绳，各项评估准则都要以《资产评估法》为基础，不能违背《资产评估法》。这使得评估师的评估活动能够有法可依，评估专业人员在遵守法律的基础上，能够更深入地探究其被评估资产的公允价值。

2. 《资产评估行业财政监督管理办法》

2017年4月21日，财政部发布了《资产评估行业财政监督管理办法》（财政部令第86号），此后，财政部根据2019年1月2日《财政部关于修改〈会计师事务所执业许可和监督管理办法〉等2部部门规章的决定》作出修改，于2019年1月2日，财政部发布了《资产评估行业财政监督管理办法》（2019修改）（以下简称《监督管理办法》）。

《监督管理办法》明确资产评估协会作为资产评估机构和资产评估专业人员的自律性组织，充分发挥行业协会参与和实施社会治理的重要作用，对评估专业人员、评估机构和评估协会如何保障权利、履行义务和承担责任做出明确规定，有利于激发全体评估专业人员的创造力和创业热情，推动评估行业践行"大众创业、万众创新"的活力。鼓励评估机构在备案管理中充分利用信息化手段提升管理效率，挖掘资产评估机构自身潜力，加强资产评估机构质量和风险防控，鼓励评估机构多元化发展和做优做强做大。

《监督管理办法》在明确财政部门按职责分工对资产评估行业进行监督管理的基础上，特别注重资产评估财政监督管理与其他评估领域行政监管的协调。在备案管理方面，规定备案信息管理系统要与其他相关行政管理部门实行信息共享。在行政检查方面，规定有关财政部门可以联合其他相关评估行政管理部门进行检查。在投诉举报处理方面，对投诉、举报事项同时涉及其他行政管理部门职责的，建立会同处理机制。协调制度的设计不仅满足了行政管理"不冲突、不越位"的基本要求，更有利于落实《资产评估法》的要求，有利于整个评估市场的协调发展。

3. 资产评估准则

资产评估准则是资产评估机构及其资产评估专业人员开展各类资产评估执业活动必须遵循的专门规范。中国资产评估行业现行资产评估准则体系包括14项准则、12个指导意见、5个指南。在执业活动中，遵守相关准则的要求，是资产评估机构及其资产评估专业人员获得社会公信力、提升机构品牌和信用的重要内涵。

四、资产评估行业的监督管理机构

在中国资产评估行业的现行监督管理体系中，财政部门是行业主管部门，中国资产评估协会及地方各级资产评估协会是行业自律管理组织，中国证券监督管理委员会则发挥着资产评估机构开展证券相关业务的监管职能。当然各级市场监督管理局、税务等部门发挥着一般法律规定职能，这在各国市场监督体系中并无较大差别。

（一）财政部门

财政部（厅、局）是资产评估行业的行政主管部门，负责统筹财政部门对全国资产评估行业的监督管理，制定有关监督管理办法和资产评估基本准则，指导和督促地方财政部门实施监督管理，以及对资产评估机构从事的证券期货相关资产评估业务实施监督管理，并统一部署对资产评估行业的监督检查。

（二）中国证券监督管理委员会

中国证券监督管理委员会在中国资产评估行业监督管理体系中的作用主要在于对资产评估机构从事的证券相关业务进行监督管理，可以对资产评估机构、资产评估专业人员从事相关工作违反《资产评估法》和资产评估执业准则相关规定的行为进行行政处罚。

（三）中国资产评估协会

中国资产评估协会是全国资产评估行业的自律组织，依照法律、行政法规等规定，对全国资产评估行业进行自律管理。地方各级资产评估协会负责本地区资产评估行业的自律管理。资产评估协会对资产评估机构及其资产评估专业人员进行自律检查，重点检查资产评估机构及其资产评估专业人员的执业质量和职业风险防范机制。

主要任务：依据国家有关法律、法规和中国资产评估协会章程的规定，对资产评估行业进行自律性管理。制定并组织实施资产评估执业准则、规则；研究会会员在执业过程中的专业技术问题并组织开展专业技术援助；负责资产评估师考试、登记和年度检查；负责组织开展资产评估机构执业资格和执业情况的年度检查；组织开展资产评估师后续教育培训；负责实施对会员的自律性处罚；组织开展行业对外交流；维护资产评估师的合法权益，为资产评估行业创造良好的发展环境，提升行业的公信力。

五、资产评估行业的国际化发展之路

近年来，中国资产评估行业的国际化发展不断深入，国际评估事务的参与度与日俱增，境外考察学习形成常态，并多次举办各类评估行业国际会议，人才交流和理论建设取得丰富成果，国际影响力和话语权不断提升。

根据中国资产评估协会2018年统计数据，全国69家证券业评估机构中有10家（其中就有国众联集团）服务与"一带一路"建设相关的业务，提供服务项目数量共94项，评估值超过390亿元。且这些机构均位于2018年资产评估机构综合评价综合得分前50家机构名单，业务收入也在整个行业前列。相较于2017年，为"一带一路"项目提供服务的机构数增加了4家，服务总项目数量约增加1.6倍，主要分布的国家有哈萨克斯坦、新加坡、菲律宾等。由此可见，我国资产评估机构国际化业务发展速度越来越快，越来越多的大型评估机构加入"一带一路"的潮流中，能够做到结合国家政策，紧跟国家发展步伐开拓业务。

（一）积极参加国际评估组织

2005年，中国资产评估协会正式加入世界评估组织联合会（the World WAVO）并成为Association of Valuation Organisations，常务理事。WAVO是目前国际评估界最具影响力和权威性的组织之一。2012年，中国资产评估协会升任WAVO副主席单位。2008年，国际评估准则委员会改组并更名为国际评估准则理事会（International Valuation Standards Council，IVSC），中国资产评估协会担任管委会委员并连任至今。2008年，为促进资产评估人才培养工作，中国资产评估协会引进国际企业价值评估分析师协会（The International Association of Consultants，Valuatons and Analysts，IACVA）的注

册企业价值评估分析师（ICVS）资格认证课程。此外，中国资产评估协会代表还担任国际财产税学会（Internation Property Tax Institute，IPTI）和国际企业价值评估学会（International Institute of Business Valuers，IIBV）理事。中国资产评估行业在国际评估界的地位和作用不断强化。

（二）大力承办国际评估会议

近年来，中国资产评估协会主导承办了众多的国际评估会议，主要包括"2006昆明国际评估论坛"，2008年"资产评估与财政收入——国际经验与中国改革"国际论坛，2012年"国际企业价值评估大会"，2013年以"评估·创新·发展"为主题的国际研讨会，2015年"评估市场创新与发展"的世界评估组织联合会第七届评估师大会等。这些国际会议的承办不仅为中国资产评估行业搭建国际交流平台，与国内外社会各界代表、协会组织及十多个国家及地区的国际评估界代表进行广泛而深入的探讨，同时也彰显出中国资产评估行业的快速发展和国际影响力的极大提升。

此外，中国资产评估协会与各国行业协会及国际评估组织分别共同举办了"中澳资产评估国际论坛"（2008年）、"中俄资产评估研讨会"（2008年）、"世界评估组织联合会第四届评估师大会"（2009年）、"第七届国际机器设备评估大会"（2011年）等在国际评估界具有广泛影响力的双边及多边国际会议，就众多前沿理论和热点问题与国际评估界开展了深入交流，分享了我国资产评估的理论研究和实践经验，获得国际资产评估行业的广泛尊重。

（三）持续参与国际评估事务

2010年，在伦敦召开的IVSC管委会会议上，中国资产评估协会应邀就"中国资产评估行业发展经验"作专题报告，就中国评估行业最初为服务国有企业而诞生的特殊国情以及在此环境下中国评估行业为适应市场需求所采取的积极努力和积累的成功经验作了简要而全面的阐述，获得了管委会主席及委员们的充分肯定和高度评价。

同时，中国资产评估协会通过推荐国内评估行业专家在IVSC准则委员会任职和组织行业专家参与准则制定征求意见，在国际评估准则的制定中积极发挥作用，紧密关注并参与IVSC准则和指引的整个制定过程。IVSC也十分重视中国评估行业的经验，充分考虑中国代表的观点，中国资产评估协会依据中国评估准则的框架体系结构对新版国际评估准则的结构体系提出合理化建议，得到IVSC的认可，实现了在新版国际评估准则的制定过程中提升中国评估准则影响力，促进了全球评估准则的趋同。

（四）日益扩大国际组织合作

在中国资产评估行业国际化发展的进程中，中国资产评估协会与美国评估师协会、英国皇家特许测量师学会、澳大利亚资产学会、俄罗斯评估师协会、罗马尼亚评估师协会以及香港测量师学会等多个评估组织持续开展交流，通过签订合作备忘录、开展专业研究等内容，为双方在各领域进行交流与合作奠定良好基础。

中国资产评估行业发展至今，国际交流已经深入行业发展的各个领域并取得了丰硕的成果。从虚心求教到双向交流、再到参与国际评估组织决策管理，中国资产评估行业在30年的时间里，国际影响力和话语权已得到极大提高。

六、资产评估行业的业务应用

根据中国资产评估协会制定的《资产评估行业市场开拓路线指引（2019年）》，资产评估行业业务分为评估类业务、评价类业务及咨询类业务三类。

评估类业务是根据《资产评估法》和《资产评估行业财政监督管理办法》等有关规定，以"评定、估算"为基本方法的业务，其中也包括估值业务。

评价类业务是指评估专业人员根据评价标准，对评价对象的财务、运营、偿债、发展或者内控等方面进行审核，通过量化和非量化的测评，最终得出评审（评价）结论并出具评审（评价）意见或报告的业务。

咨询类业务是指评估专业人员根据委托方需求，应用科学的方法进行定量和定性分析，查出存在的主要问题和原因，提出并指导实施改进方案，从而提高委托方的经济效益或管理水平的业务。

各类业务涉及的需求方包括：国资委、财政部及其授权履行国有资产监管的中央企业和中央金融企业，国有企业，国有金融企业，中央文化企业，上市公司与非上市公众公司，行政事业单位，企业及其他主体等。

（一）评估类业务

1. 政府部门及中央企业评估类

国资委、财政部及其授权履行国有资产监管的中央企业和中央金融企业触发评估类业务需求的经济行为主要包括资产处置、公司制改建、企业合并与分立、产权变动等，涉及的相关业务是资产评估机构开展多年的业务类型，是资产评估机构的基本服务项目。

资产处置经济行为包括：资产转让、拍卖、偿债、租赁、抵质押、资产重组、资产捐赠、资产补偿、资产涉讼、对外投资、接受投资、接受抵债资产和债务重组等。

企业合并与分立经济行为包括：企业合并、企业分立、企业破产、企业清算、企业解散等。

产权变动经济行为包括：增资扩股、IPO、股权转让、债转股等。

2. 国有企业评估类

在发展混合所有制经济和国有经济优化布局、调整结构过程中，触发评估类业务需求的经济行为包括国有企业股权投资、股权激励、僵尸企业处置、国有企业办教育医疗机构改革等。

3. 国有金融企业评估类

国有金融企业触发评估类业务需求的经济行为主要包括国有金融企业直接股权投资和市场化银行债权转股权等。

（1）国有金融企业直接股权投资

《关于进一步明确国有金融企业直接股权投资有关资产管理问题的通知》（财金〔2014〕31号）中要求"国有金融企业开展直接股权投资，应当根据拟投资项目的具体情况，采用国际通用的估值方法，对拟投资企业的投资价值进行评估，得出审慎合理的估值结果"，同时规定"国有金融企业可以按照成本效益和效率原则，自主确定是否聘请专业机构对拟投资企业进行资产评估，资产评估结果由企业履行内部备案程序"。

（2）市场化银行债权转股权

《关于市场化银行债权转股权实施中有关具体政策问题的通知》（发改财金〔2018〕152号）中对银行和市场化债转股实施机构规定"可根据对象企业降低杠杆率的目标，设计股债结合、以股为主的综合性降杠杆方案，并允许有条件、分阶段实现转股。鼓励以收债转股模式开展市场化债转股"。在"市场化银行债权转股权"工作中，市场化的最核心要素就是价值，以买卖双方都能够认可的价值作为交换的基础，资产评估在此过程中属于必需的经济行为。

4. 中央文化企业评估类

中央文化企业触发评估类业务需求的经济行为主要包括：经营性文化事业单位转制为企业、中央文化企业改制、中央文化企业国有资产交易等。

5. 上市公司及非上市公众公司评估类

上市公司触发评估类业务需求的经济行为主要包括：资产重组、业务重组、发行股份购头资产、定向增发、退市评估、外国投资者对 A 股上市公司的战略投资等；非上市公众公司触发资产评估的经济行为主要包括重大资产重组和收购资产。

6. 行政事业单位评估类

行政事业单位触发评估类业务需求的经济行为主要包括：

（1）资产清查；

（2）经营类事业单位整体或部分改制为有限责任公司或者股份有限公司及进行产权转让、国有资产流转等；

（3）经营类事业单位国有资产出售等经济行为中，应进行资产评估，其中涉及改制行为的，资产评估结果在转制单位内部公示，经主管部门审核后，报财政部门核准或备案。

7. 企业评估类

企业触发评估类业务需求的经济行为主要与会计核算相关，包括：商誉减值测试、其他资产或资产组减值测试、非货币性资产公允价值评估、金融工具公允价值评估、基金估值、合并对价分摊评估等。其他还包括金融企业抵押物管理及评估和外国投资者对境内企业并购资产评估，这主要与企业的管理、并购等需求相关。

8. 其他机构评估类

其他机构触发评估类业务需求的经济行为主要包括：生态环境评估业务、基于财政部门的 PPP 项目中的资产评估、基于司法部门的司法鉴证评估以及国家中小企业发展基金价值评估等。

（二）评价类业务

评价类业务涉及企业、财政部门和预算部门（单位）等需求方，触发资产评估行业业务的经济行为共计 12 项。

1. 企业评价类业务需求

企业触发评价类业务需求的具体经济行为主要包括绩效评价、内部控制评价和品牌评价等。其中绩效评价又大致可分为企业绩效评价、金融企业绩效评价、现代服务业综合试点工作绩效评价、上市公司业绩评价等。

2. 财政部门和预算部门（单位）等评价类业务需求

财政部门和预算部门（单位）等触发评价类业务需求的具体经济行为主要包括财政支出绩效评价和政府出资产业投资基金评价等。其中，财政支出绩效评价主要包括财政支出绩效评价、国有资本经营预算支出项目绩效评价、中小企业发展专项资金评审；政府出资产业投资基金评价主要包括政府出资产业投资基金的绩效评价、政府投资基金绩效评价、"互联网+流通"发展基金评价等。

（三）咨询类业务

咨询类业务涉及企业及其他主体等需求方，触发资产评估行业业务的经济行为共计29项。

1. 企业咨询类业务需求

企业触发咨询类业务需求的经济行为主要包括尽职调查、税基评估、财务管理、合规管理、经营管理、特定行为管理等。

其中，尽职调查主要包括一般尽职调查和企业境外资产巡查等；税基评估主要包括计税价格评估、认定报关价格等；经营管理主要包括价值驱动因素识别、资产配置研究、投资前的尽职调查、投资后的评价管理、资产管理、人力资源管理咨询、激励约束机制设计及评价、流程重构/重整、风险管理、价值管理和战略管理等；特定行为管理包括并购重组的交易结构/路径/方案等咨询、并购重组的税收问题咨询、破产顾问/托管人与接管人服务、破产诉讼与赔偿管理咨询和企业争端分析与调查等。

2. 其他咨询类业务需求

其他咨询类业务需求主要包括为政府部门提供的管理咨询业务和为其他领域提供的管理咨询业务。其中，触发前者的经济行为主要包括质量信用评估、社会组织评估和预算绩效管理咨询等；触发后者的经济行为主要包括为农村集体经济提供咨询服务、工程造价咨询业务、家庭资产配置服务和个人理财服务等。

第二节　房地产估价行业

一、房地产估价行业发展回顾

中国房地产估价行业是一个既古老又新兴的行业，是房地产业的重要组成部分。中国房地产估价活动历史悠久、源远流长，上千年前就产生了有关房地产价值及其评估思想的萌芽。当时伴随着土地和房屋买卖、租赁、课税、典当等活动的出现，房地产估价活动应运而生。但在20世纪50年代至70年代这段时期，随着废除房地产私有制，禁止房地产买卖、租赁等活动，中国房地产估价活动基本消失。直到1978年以后，在改革开放的背景下，随着城镇国有土地有偿使用和房屋商品化的推进，中国房地产估价活动开始复兴。特别是1993年诞生首批房地产估价师以来，中国房地产估价行业快速发展，估价队伍迅速壮大，估价法规不断健全，估价标准逐步完善，估价理论日趋成熟，估价业务持续增长，估价行业的社会影响显著扩大；基本形成了公平竞争、开放有序和监管有力的房地产估价市场，逐步建立起了政府监管、行业自律和社会监督的监管体制；房地产估价在解决房地产市场失灵，将房地产市场引向理性，维护房地产市场秩序，保护房地产权利人和利害关系人的合法权益，防范金融风险，促进社会和谐等方面发挥着独特的积极作用。

二、房地产估价行业的执业资格制度

房地产估价行业协会的成立使我国房地产估价进入了一个新的时期。协会成立后有效地组织估价师开展各种会议和促进技术交流发展，整合和利用行业的资源，有序开展估价人员的执业资格考试，促进了我国估价行业的发展。我国的估价人员也可以通过行业协会，以协会代表的身份参与到政治生活中，为估价行业的建设发声建言，为国家经济的发展做出贡献。

房地产估价行业是一个以智力投资为主体的知识密集型行业，这个行业集中了大批优秀的专业人士。申请参加房地产估价师职业资格考试的人员必须具有房地产相关专业，如房地产经济、土地管理、城市规划的学历，还要具有一定年限相关行业工作经历。同时房地产估价师职业资格考试的内容囊括房地产制度法规政策、房地产估价理论与方法、房地产估价基础与实务、土地估价基础与实务，并涉及经济、金融、保险、统计、会计、城市规划、建筑工程、测绘、法律等相关学科的知识。

三、房地产估价行业的法律制度建设

随着改革开放进一步深化，20世纪90年代我国经济开始腾飞，很多地方法律法规没有建立健全，投机的商人打着擦边球钻法律的空子谋取利益，最后造成经济的畸形发展。为了健康发展国民经济，我国一直没放弃对相关法律法规的探索。经济的发展给房地产估价行业带来了市场，同时国家也越来越重视房地产估价服务对经济发展起到的积极作用，进而出台了许多法律法规，规范房地产估价行业的发展，进一步地促进房地估价规范化。

房地产估价的法律法规逐渐建立完善,对房地产估价活动的市场准入、行为规范、市场监管等作了明确规定,推动了房地产估价行业规范、健康发展。

房地产估价相关法律法规

发布时间	文件名称	主要内容或作用
1984年12月	《经租房屋清产估价原则》	这是新中国成立后发布的第一个关于房地产估价的部门规章,我国房地产评估进入了有法可依的新时期
1988年8月	《关于加强房地产交易市场管理的通知》	各城市要抓紧组织建立房地产交易所,配备必要的管理人员和专业人员;从事房地产经营的单位,必须按照国家有关规定,由所在地县级以上房地产主管机关按审批权限进行资质审查,经工商行政管理机关核发营业执照后,方可开业经营
1994年7月	《中华人民共和国城市房地产管理法》	该法第三十三条规定:国家实行房地产价格评估制度;第五十八条规定:房地产价格评估人员资格认证制度
1995年3月	《建设部、中国人民银行关于加强与银行贷款业务相关的房地产抵押和评估管理工作的通知》	抵押人和抵押权人认为需要确定抵押物价值的,可以由贷款银行进行评估;或委托人民政府房地产行政主管部门附属的事业性房地产估价机构进行评估,并经抵押权人确认;各有关银行要建立健全抵押贷款制度,培训和配置必要的房地产估价人员,做好与贷款业务相关的房地产评估工作
1996年1月	《城市房地产中介服务管理规定》	第八条规定:房地产经纪人必须是经过考试、注册并取得《房地产经纪人资格证》的人员。未取得《房地产经纪人资格证》的人员,不得从事房地产经纪业务。房地产经纪人的考试和注册办法另行制定
2000年4月	《关于房地产价格评估机构脱钩改制的通知》	凡从事房地产价格评估的中介服务机构,目前隶属或挂靠在政府部门的,均要在人员、财务、职能、名称等方面与之彻底脱钩
2002年8月	《关于建立房地产企业及执(从)业人员信用档案系统的通知》	建立房地产企业及执(从)业人员信用档案系统
2003年12月	关于印发《城市房屋拆迁估价指导意见》的通知	拆迁估价由具有房地产价格评估资格的估价机构承担,估价报告必须由专职注册房地产估价师签字
2004年10月	《最高人民法院关于人民法院民事执行中拍卖、变卖财产的规定》	对法院在执行民事案件中的拍卖、变卖财产以及评估方面作了具体的规定
2005年10月	《房地产估价机构管理办法》	房地产估价机构资质等级分为一、二、三级
2006年1月	《房地产抵押估价指导意见》	为了规范房地产抵押估价行为,保证房地产抵押估价质量,维护房地产抵押当事人的合法权益,防范房地产信贷风险,制定本意见
2006年06月	《关于规范与银行信贷业务相关的房地产抵押估价管理有关问题的通知》	为了加强房地产抵押估价管理,防范房地产信贷风险,维护房地产抵押当事人的合法权益,制定本通知
2006年12月	《关于加强房地产估价机构监管有关问题的通知》	建立并公示房地产估价机构和注册房地产估价师信用档案,及时更新信用档案信息。 二级、三级房地产估价机构不得设立分支机构
2006年12月	《注册房地产估价师管理办法》	注册房地产估价师实行注册执业管理制度。国务院住房城乡建设主管部门对全国注册房地产估价师注册、执业活动实施统一监督管理

续表

发布时间	文件名称	主要内容或作用
2009年5月	《关于开展房地产估价报告检查工作的通知》	全面检查一级资质房地产估价机构出具的房地产估价报告
2011年1月	《国有土地上房屋征收与补偿条例》	该法第三十四条规定：房地产价格评估机构或者房地产估价师出具虚假或者有重大差错的评估报告的，由发证机关责令限期改正，给予警告，对房地产价格评估机构并处5万元以上20万元以下罚款，对房地产估价师并处1万元以上3万元以下罚款，并记入信用档案；情节严重的，吊销资质证书、注册证书；造成损失的，依法承担赔偿责任；构成犯罪的，依法追究刑事责任
2011年6月	关于印发《国有土地上房屋征收评估办法》的通知	颁布了《国有土地上房屋征收评估办法》
2011年9月	《最高人民法院关于人民法院委托评估、拍卖工作的若干规定》	取得政府管理部门行政许可并达到一定资质等级的评估、拍卖机构，可以自愿报名参加人民法院委托的评估、拍卖活动。人民法院采用随机方式确定评估、拍卖机构
2013年10月	《住房城乡建设部关于进一步规范房地产估价机构管理工作的通知》	建立全国统一的房地产估价行业管理信息平台，实现资质核准、人员注册、信用档案管理等信息关联共享，进一步发挥信息平台在行业准入、从业行为监管、估价报告管理、信用体系建设的作用，全面提升房地产估价行业管理水平
2014年6月	《关于放开部分服务价格的通知》	放开房地产估价行业的收费标准，改为市场调节价
2016年7月	《资产评估法》	奠定了评估行业的法律地位
2016年12月	《住房城乡建设部关于贯彻落实资产评估法规范房地产估价行业管理有关问题的通知》	自2016年12月1日起，对房地产估价机构实行备案管理制度，不再实行资质核准
2018年8月	《最高人民法院关于人民法院确定财产处置参考价若干问题的规定》	人民法院确定财产处置参考价，可以采取当事人议价、定向询价、网络询价、委托评估等方式

四、房地产估价行业的监督管理机构

2006年3月7日，由建设部颁布的《注册房地产估价师管理办法》明确了房地产估价行业的监管部门，其中，国务院住房城乡建设主管部门对全国注册房地产估价师注册、执业活动实施统一监督管理。省、自治区、直辖市人民政府住房城乡建设（房地产）主管部门对本行政区域内注册房地产估价师的执业活动实施监督管理。市、县、市辖区人民政府建设（房地产）主管部门对本行政区域内注册房地产估价师的执业活动实施监督管理。房地产估价行业组织应当加强注册房地产估价师自律管理。鼓励注册房地产估价师加入房地产估价行业组织。

五、房地产估价行业技术标准

估价行业技术标准的制定，意味着估价行业在社会经济发展中起的作用越来越大，国家也越来越重视估价行业的发展。同时这也是估价行业对自身发展的探索成果，对估价自身专业化进程的不断加深。

房地产估价相关技术标准

发布时间	文件名称	主要内容或作用
1997年1月9日	《关于房地产价格评估机构资格等级管理的若干规定》	对房地产价格评估机构的设立、资格等级分类、各级资格的营业范围、申请评定资格应提交的材料、资格等级升降及取消资格等作了详细规定
1997年12月30日	《关于公布1997年度国家一级房地产价格评估机构的公告》	授予北京市房地产价格评估事务所等64个单位国家一级房地产价格评估机构资格
1999年10月31日	《关于清理整顿经济鉴证类社会中介机构的通知》	促进经济鉴证类社会中介机构健康发展，充分发挥其维护市场经济秩序的积极作用，经国务院批准，决定对经济鉴证类社会中介机构进行清理整顿
2000年4月28日	《关于房地产价格评估机构脱钩改制的通知》	房地产价格评估机构脱钩改制确立股份公司制等运营形式增强了自身的运营管理能力，减少政府的行政干预，为专业咨询机构创造了独立、公平、公正的执业环境
2005年10月12日	《房地产估价机构管理办法》	对房地产估价机构与人员的从业、管理、监督等做出一系列详细的规定
2006年12月7日	《关于加强房地产估价机构监管有关问题的通知》	健全房地产估价机构和注册房地产估价师信用档案；加快电子政务建设，启用房地产估价机构资质核准和房地产估价师注册管理信息系统，规范行政许可行为；保证房地产估价机构资质初审和审批工作的公开透明等。坚决查处房地产估价领域的商业贿赂
2016年12月6日	《住房城乡建设部关于贯彻落实资产评估法规范房地产估价行业管理有关问题的通知》	对房地产估价机构管理制度、职业资格管理、房地产估价业务流程等方面做出进一步严格的规定

六、房地产估价行业的业务应用

（一）规范房地产交易市场管理

房地产交易市场管理涉及的评估类型包括各种所有制房屋的买卖、租赁、转让、抵押。随着《关于加强房地产交易市场管理的通知》（建房字〔1988〕170号）的颁布，城市土地使用权的转让以及其他在房地产流通过程中的各种经营活动均得到了有效的规范管理，维护了市场秩序，使房地产交易有价可依。

市场经济轰轰烈烈的发展过程中，大量土地和房地产在生产生活的各个环节快速流通，资源利用效率大大提高。其中房地产估价活动和土地估价活动更是快速增长。

企事业单位之间、私人之间最常见的交易类型就是买卖和租赁。房地产估价服务能有效地为交易双方提供可靠的交易信息，减少交易成本，促进双方公平交易。一些重要的领域包括国有不动产交易领域因涉及国有资产安全，需要房地产估价机构提供可靠的价值依据，防范国有资产的流失，为客户提供真实的价格信息服务，至今仍在很多市场失调的时候发挥关键作用，提供了重要的专业支持，维护了经济秩序的健康发展。

（二）防范金融风险

金融风险指的是与金融有关的风险，如市场风险、产品风险、机构风险等。近年来，随着中国房地产业的高速发展并日趋成熟，房地产业已经成为国民经济的重要组成部分，但同时房地产也是最容易产生经济泡沫、引发金融风险的行业。因此，作为联系银行金融和房地产市场纽带的房地产抵押贷款评估体系的健全就显得极为重要，提供可靠的房地产价值依据与专业化的咨询意见，可以有效防范潜在的金融风险。业务类型包括房地产抵押项目、信托业务、不良债权、贷后重估、资产证券化、工程建设项目可行性研究等金融活动所涉及的房地产估价服务。

（三）保障纳税基础

房地产课税估价的发展，促进了存量房交易税收征管工作，也是国务院房地产市场宏观调控的重要措施，其作用在于规范税收秩序，创造依法纳税、公平税负的良好环境和促进房地产市场健康发展。目前，全国绝大多数大中城市均在推广房地产课税估价工作，实施效果也十分明显，有利于堵塞虚假合同交易不法行为、落实公平税负的税收政策和提高纳税人税收遵从度，促进房地产业健康发展。所涉及的业务类型包括为课征房产税、增值税、企业所得税、个人所得税、土地增值税、契税而进行的估价。

（四）推动城市更新改造的进程

城市更新（urban renewal），指通过清除、维护、整建、重建等方式，对城市衰败地区的房屋、基础设施和公共设施进行改造的土地再利用行为。城市更新是城市发展过程中必要的新陈代谢，有效地更新可带来居民生活品质的提高，促进城市的健康发展。城市更新的方式可分为再开发、整治改善及保护三种。从建筑更新到街道更新，到社区更新，再到城市更新，关联着环境、经济和社会各方面。客观存在的实体改造方面，主要还是体现在城市中土地使用功能转换方面。通过分析一线城市的实际情况，参考其在城市更新中的发展历程及经验，可以总结出与房地产关联的城市更新发展模式主要有如下几种：

1. 旧城改造

对特定城市建成区（旧工业区、旧商业区、旧住宅区、城中村及旧屋村等）内符合规定条件的（设施需完善、存在环境安全隐患等），根据城市规划和城市更新办法规定程序进行综合整治、功能改变或拆除重建的活动。

2. 土地整备

土地整备工作立足于实现公共利益和城市整体利益的需要，综合运用收回土地使用权、房屋征收、土地收购、征转地历史遗留问题处理、填海（填江）造地等多种方式，对零散用地进行整合，并进行土地清理及土地前期开发，统一纳入城市土地储备。

3. 棚户区改造

实施棚户区改造的根本目的是改善群众的居住条件，兼顾完善城市功能、改善城市环境。实施原则：中国棚户区改造按照"政府主导、市场运作"的原则实施。政府除了鼓励地方实行财政补贴、税费减免、土地出让收益返还等优惠政策外，还允许在改造项目里，配套建设一定比例商业服务设施和商品住房，支持让渡部分政府收益，吸引开发企业参与棚户区改造。

实施方式及特点：①政府主导＋人才住房专营机构为主＋人才住房和保障性住房；②住宅部除了回迁房，其余都为人才住房，由人才住房专营机构运营；③推广设计、采购、施工一体化（EPC）等建设模式，建设高品质的绿色宜居社区。

4. 综合化二次开发模式

未来土地二次开发路径可能会呈现多元化、组合化、综合化，城市更新、土地整备等各个二次开发模式的规划和法定土地规划会理清，推进片区综合改造、综合整治、拆除重建、土地整备利益统筹将综合实施。

未来的土地二次开发市场潜力巨大，涉及政策复杂，专业性更强，资金实力要求更高，专业机构在此领域大有可为，参与各方应加强专业分析能力，充分利用顾问机构，做好投资决策。传统评估服务在这些二次开发项目中逐渐向房地产投资咨询服务升级。

（五）司法鉴定估价

我国《民事诉讼法》《行政诉讼法》均规定，人民法院在诉讼过程中对专门性问题需要鉴定的，应当交由法定鉴定部门鉴定；没有法定鉴定部门的，由人民法院指定的鉴定部门鉴定。《刑事诉讼法》规定，为了查明案情，需要解决案件中某些专门性问题的时候，应当指派、聘请有专门知识的人进行鉴定。对拟拍卖的财产，人民法院应当委托具有相应资质的评估机构进行价格评估。目前司法鉴定领域对房地产估价的需求主要有债务纠纷涉及的房地产拍卖（变卖）价值鉴定评估、资产损害赔偿鉴定评估、刑事案件量刑中相关损失的估算和民事案件涉诉标的价值估算等几个方面。

（六）房地产咨询类业务

房地产咨询类业务贯穿于房地产开发项目的各个阶段，为房地产活动当事人提供全方位、全过程的房地产开发相关的咨询服务。需要咨询服务的当事人可以是开发商，也可以是政府或个人。目前在咨询性估价方向做得较好的主要是国际房地产顾问"五大行"（世邦魏理仕、仲量联行、第一太平戴维斯、戴德梁行、高力国际）。

投资咨询服务内容主要包括市场调查研究、楼盘地块 SWOT 分析、楼盘市场定位、楼盘产品设计咨询、楼盘开发策略制定、楼盘开发财务分析、楼盘开发问题研究和楼盘开发可行性研究等。

与房地产估价业务相比，房地产咨询业务服务范围多元化程度更高，对专业服务人员的知识体系要求更高，同时由于房地产投资经营活动牵扯到的资金量往往很大，咨询机构出具的咨询报告对委托人的决策意义重大，因此，房地产咨询行业具备较强的专业性。

第三节　土地估价行业

一、中国土地估价师与土地登记代理人协会的成立

改革开放以来，随着我国城镇土地使用制度的改革和土地进入市场进行交易，土地估价中介服务业务提出了客观需要，特别是 1986 年《中华人民共和国土地管理法》颁布后，土地估价中介服务有了更快的发展。随着市场化改革的进展，对原为划拨土地的存量建设用地，需要通过市场机制进行重新配置；国有企业改革和战略性结构调整中土地资产需要重新盘活；农用地市场开始形成，农村集体建设用地市场已经发育；各级政府逐步提高了土地出让过程中的招标、拍卖、挂牌比例等。这些市场化取向的改革都对

土地估价中介服务提出了更多的市场需求，客观上要求土地评估中介服务业务的拓展。土地估价行业是伴随着土地使用制度改革而产生并发展起来的，至今已有20多年的历史。在这20多年里，土地估价行业在服务于市场经济建设和国有企业改革、服务于土地使用制度改革与土地市场建设中不断发展壮大，已成为我国市场经济体系中一个重要的中介行业，并取得了辉煌的成就。

1994年5月，经国家土地管理局批准、民政部审核登记，中国土地估价师协会在北京正式成立。2014年8月，中国土地估价师协会更名为中国土地估价师与土地登记代理人协会。协会英文名称为China Real Estate Valuers and Agents Association，缩写为CREVA。协会是由具有土地估价资格、土地登记代理资格及从事土地估价、土地登记代理工作的组织和个人自愿组成，依法登记成立的、非营利性的全国土地估价行业自律性社会团体。作为负责土地估价行业管理工作的全国性行业协会，土地估价机构和人员资质认定，组织全国的土地估价师继续教育工作，同时协助主管部门开展相关的行政监管工作。目前中国土地估价师与土地登记代理人协会主要受业务主管单位自然资源部指导和监督管理。

二、土地估价行业的执业资格制度

面对日益扩大的土地市场，为了规范市场发展和土地交易，迫切需要具备专业技能的估价人员开展土地估价工作。1992年，国家土地管理局在北京举办了第一期土地估价师培训班，经考试认定了第一批土地估价师。同时，根据国务院"三定"方案赋予的职责，由国家土地管理局组织成立了多部门、高等院校、科研单位专家参加的国家土地估价委员会，负责地价评估管理的协调与咨询。

土地估价师资格考试始于1993年，国家土地管理局率先制定颁布了《土地估价师资格考试暂行办法》（〔1993〕国土〔籍〕字第28号），该办法明确土地估价师资格实行考试认证制度，欲取得土地估价师资格须参加全国统一考试，合格者颁发土地估价师资格证书，获得独立从事土地估价工作的资格；这一办法还明确了土地估价师资格实行注册登记制度，有效期5年；文件对报名参加土地估价师资格考试人员应具备的条件也做了详细的规定。

国土资源部于2001年6月15日发布实施《土地估价师继续教育暂行规定》（国土资发〔2001〕170号），建立土地估价师继续教育制度，规定土地估价师接受继续教育时间5年累计不得少于100学时，在规定时间内未达到规定学时的，将注销其土地估价师资格。

2006年11月，国土资源部发布《土地估价师资格考试管理办法》（国土资源部令第35号），调整了原有规定，对土地估价师资格考试在管理体制上明确由国土资源部组织全国土地估价师资格考试委员会，负责对涉及的重大事项进行协调、决策，中国土地估价师协会具体组织考试；放宽了报考条件，规定考试每年举行一次，各科成绩在连续3个考试年度内滚动有效；并建立了土地估价师实践考核与执业登记制度。通过国家考试认证，截至2018年底全国共有27300多名土地估价师。

经过10余年的培育和规范，一批批土地估价师已成为国家经济发展中不可或缺的重要角色，在深化土地使用与管理制度改革、量化土地资产价值、规范企业改制、推进土地供应调控与促进房地产市场稳定发展、加强证券市场建设、保障国家土地税收征管安全以及协助司法仲裁裁决等方面发挥了重要作用。

三、土地估价行业的法律制度建设

1987年深圳首次公开拍卖土地使用权也是我国内地第一次涉及土地估价的活动，是我国土地估价行业诞生的重要标志，当时内地并没有土地估价师和土地估价技术，为了保障土地拍卖的进行，当时借鉴香港的评估思路，采用收益法确定了首次土地拍卖的出让底价。

土地估价行业进入市场，走独立发展道路，政府逐渐弱化对土地估价行业的行政管理，回归对经济的市场监管职能，加强市场调节。除了市场监管职能，国家还有完善法律法规的职责，让土地估价行业有法可依，有法必依。

我国向来重视法律法规的完善，尤其是改革开放以来，我国的法治事业不断与时俱进，为国家的经济建设稳固了公平健康的社会环境。其中，土地估价行业法律制度的建设，也是不断在改革中创新，在创新实践中完善，为土地估价行业提供了良好的法律支撑，促进了土地估价行业的健康发展。

土地估价有关法律法规

时间	文件名称	主要内容或作用
1987年1月	《中华人民共和国土地管理法》	对土地财产制度和土地资源的合理利用所进行管理活动予以规范的各种法律规范
1992年5月	《关于地籍管理几个问题处理意见》	要采取切实措施有计划、按程序加快地籍调查、土地登记、发证和土地定级估价等工作的步伐，尽快建立地籍管理制度，为深化土地使用制度改革服务

续表

时间	文件名称	主要内容或作用
1993年2月	《土地估价师资格考试暂行规定》《土地估价机构管理暂行办法》	建立了土地估价师资格考试认证制度,认证了全国首批土地估价师,设立了以A级和B级土地估价机构执业资格为核心的土地估价机构管理制度
1993年3月	《国家国有资产管理局、国家土地管理局关于国有资产产权登记中有关土地资产登记工作的通知》	土地管理部门应加快城镇地籍调查、土地估价、登记工作,以适应国有资产产权登记的需要 土地登记、定级、估价以及土地使用情况复核所需经费按国家有关规定收取。土地定级、估价规程,由国家土地管理局商有关部门制订
1993年7月	《关于加强宏观调控管好地产市场的通知》	协议出让价格应以评估地价为基础,参考招标和拍卖价确定,原则上不得低于基准地价 各级土地管理部门必须加强地价管理工作,尤其要抓好基准地价评估。全国大中城市要于明年完成基准地价评估工作
1994年1月	《中华人民共和国土地增值税暂行条例实施细则》	旧房及建筑物的评估价格,是指在转让已使用的房屋及建筑物时,由政府批准设立的房地产评估机构评定的重置成本价乘以成新度折扣率后的价格。评估价格须经当地税务机关确认。 隐瞒、虚报房地产成交价格,应由评估机构参照同类房地产的市场交易价格进行评估。税务机关根据评估价格确定转让房地产的收入
1994年10月	《基本农田保护条例》	农村集体经济组织或者村民委员会应当定期评定基本农田地力等级
1994年12月	《关于土地价格评估收费的通知》	规定了土地评估收费标准
1995年1月	《关于对土地价格评估机构进行登记管理有关问题的通知》	规范土地估价行为,建立符合社会主义市场经济需要的土地价格评估中介服务机构
1995年6月	《关于土地价格评估机构备案管理有关问题的通知》	建立机构备案制度,规定具备土地估价师资格的人员只能在一家机构从事土地价格评估;未按规定备案的机构的土地估价报告不予确认
1996年6月	《关于印发〈规范股份有限公司土地估价结果确认工作若干规定〉的通知》	进一步明确了股份有限公司土地估价结果确认申请的程序、申请确认应提交的材料、确认机关对土地估价结果审核合格的基本标准,以及经确认的土地估价结果的有效日期
1998年3月	《国家税务总局国家土地管理局关于契税征收管理有关问题的通知》	规定:对需要按评估价格计征契税的,应当委托具备土地评估资格的评估机构进行有关的评估,以规范房地产市场交易行为,确保国家税收不受损失
1999年9月	《关于土地评估机构与政府主管部门脱钩的通知》	从事土地评估中介服务的机构,应在人员、财务、职能、名称四个方面,按规定与主管部门彻底脱钩
2001年3月	《关于改革土地估价结果确认和土地资产处置审批办法的通知》	建立土地估价机构业绩报告定期备案、土地行政部门定期随机抽查、土地估价报告评议与违规处罚结果公布等监察制度
2001年4月	《国务院关于加强国有土地资产管理的通知》	进一步加强国有土地资产管理,整顿和规范土地市场秩序

续表

时间	文件名称	主要内容或作用
2001年6月	《土地估价师继续教育暂行规定》	接受继续教育是土地估价师的权利和义务。土地估价师必须按本规定接受继续教育
2002年4月	《招标拍卖挂牌出让国有土地使用权规定》	市、县人民政府国土资源行政主管部门应当根据土地估价结果和政府产业政策综合确定标底或者底价
2002年8月	《关于改革土地估价人员和机构监督管理方式的通知》	土地行政主管部门不再评定土地评估机构资质等级，土地评估中介机构实行土地估价行业自律组织注册的制度；土地估价人员和评估机构的注册信息面向社会公开
2003年6月	《协议出让国有土地使用权规定》	市、县人民政府国土资源行政主管部门应当根据国家产业政策和拟出让地块的情况，按照《城镇土地估价规程》的规定，对拟出让地块的土地价格进行评估，经市、县人民政府国土资源行政主管部门集体决策合理确定协议出让底价
2006年12月	关于发布实施《全国工业用地出让最低价标准》的通知	各省（区、市）要依据本《标准》，开展基准地价更新工作，及时调整工业用地基准地价
2012年6月	《国土资源部办公厅关于实行电子化备案完善土地估价报告备案制度的通知》	自2012年7月1日起，土地估价中介机构完成的土地估价报告一律实行电子化备案
2014年3月	《节约集约利用土地规定》	出让分层设立的建设用地使用权，应当根据当地基准地价和不动产实际交易情况，评估确定分层出让的建设用地最低价标准
2014年6月	《关于取消和调整一批行政审批项目等事项的决定》	明确取消土地估价师准入类资格的行政许可
2017年9月	《国土资源部关于开展土地估价机构备案工作的通知》	是《资产评估法》的法定要求，有助于土地估价机构完善组织结构，提升管理水平，依法开展业务，从而推动全行业健康有序发展
2018年12月	关于印发《人民法院委托评估工作规范》的通知	研究制定了《人民法院委托评估工作规范》
2020年1月	《中华人民共和国土地管理法》第五次修订	第五次修订首次明确界定了何为"公共利益"；明确了土地征收补偿的基本原则是保障被征地农民原有生活水平不降低；完善了土地征收程序等

四、土地估价行业的监督管理机构

土地估价行业是高端服务行业，行业的服务质量关乎着行业的发展质量，良好的服务质量不仅需要完善的法律法规和技术规范，更需要建立起整个行业的诚信体系，让每个认真负责的估价机构得到应有的表彰，让每个破坏行业信誉的机构受到惩罚。

土地估价行业的行政主管部门为自然资源部，中国土地估价师与土地登记代理人协会则承担着对土地估价行业的自律管理职责。自然资源部当前对土地估价行业的监管主要体现在制定土地估价相关的法律法规、对全国的土地估价机构和土地估价报告进行备案管理、编制土地估价规程、对地价进行监测管理。

中国土地估价师与土地登记代理人协会管理主要体现在行业自律管理。2012年，协会发布《中国土地估价师协会会员诚信档案管理办法》，旨在记载中国土地估价师与土地登记代理人协会会员诚信状况以及对判断其诚信状况有影响的信息。诚信档案信息是A级资信、专家和资深会员等评选时的重要参考条件。该办法适用于中国土地估价师与土地登记代理人协会团体会员、个人会员、资深会员和特邀会员。诚信档案的记录让土地估价行业的诚信体系建设又向前迈进了一大步，对土地估价机构或个人实行全周期的档案记录，不再仅仅依靠一些数字指标，让每个土地机构今后应该更加谨慎从业、恪守尽职、诚信服务。该文件的发布有力促进了我国的土地估价行业诚信体系建设，推动其逐渐发展到了一个非常先进的高度，为我国的土地事业和土地估价事业提供了坚实安全的保障。

五、土地估价行业技术标准

除了良好的法律体系建立，为土地估价行业的统一有序、科学合理发展，确保土地估价成果客观公正，有利于土地估价行业的健康发展，相关监管部门制定了一系列土地估价行业重要的技术规范。

（一）《城镇土地估价规程》

2001年12月13日，中国国家质量监督检验检疫总局和中国国家标准化管理委员会以国家标准文件发布《城镇土地估价规程》GB/T 18508—2001，这项规程以国家标准的形式，规定了城镇土地估价工作应遵循的基本准则、技术途径、方法、程序和成果形式，是科学评价和管理城镇土地，规范土地估价行为，确保土地估价成果客观、公正和合理的技术保障。2014年7月24日，《城镇土地估价规程》GB/T 18508—2014替代2001年版本。

（二）《城镇土地分等定级规程》

2001年12月13日，国家质量监督检验检疫总局以国家标准文件发布《城镇土地分等定级规程》GB/T 18507—2001，于2002年7月1日起正式实施。该规程规定了我国城镇土地定级工作的工作内容及适用范围、技术途径及程序、土地定级因素的选择、资料调查与整理、定级因素资料整理及定量化、单元分值计算、土地等级评定及测算、编制土地级别总图计量算面积、土地等级的边界落实及分宗整理、土地定级报告及成果验收、土地级别成果归档和更新等。2014 年 7 月 24 日，新修订的《城镇土地分等定级规程》发布并于 2014 年 12 月 1 日起实施。

（三）《城市地价动态监测技术规范》

《城市地价动态监测技术规范》TD/T 1009—2007 于 2007 年 1 月实施。该规范规定了我国城市地价动态监测的程序和方法，适用于我国城市地价动态监测。城市地价动态监测在设定的周期进行，是对城市土地的价格状况进行动态监测，通过调查城市地价的水平及变化趋势，向社会提供客观、公正、合理的地价信息，为政府加强地价管理和土地宏观调控提供基础数据和决策依据。

（四）《标定地价规程》

2017 年 12 月 25 日，国土资源部发布《标定地价规程》TD/T 1052—2017 规范了标定地价制定及公示程序，明确了标定区域划定、标准宗地选取与布设等各环节技术要点，填补了我国标定地价体系建设领域的空白。规程立足当前城乡公示地价体系建设的基本需求及未来发展方向，突破城乡二元模式，内容涉及城、乡、建、农等不同权属性质、不同地类特征的土地。注重了实用性和易拓展性，提升了可操作性。

（五）《国有建设用地使用权出让地价评估技术规范》

2018 年 3 月 9 日，国土资源部发布正式版文件《国有建设用地使用权出让地价评估技术规范》，为进一步完善国有土地出让底价确定程序，加强出让地价评估管理，促进土地市场平稳健康运行提供了一系列的规范。自 2018 年 4 月 9 日起施行，本文件对引用的文件、评估程序、评估方法的运用进行了更新。

（六）《划拨国有建设用地使用权地价评估指导意见（试行）》

2019 年 5 月 31 日，自然资源部印发《划拨国有建设用地使用权地价评估指导意见（试行）》，进一步规范国有划拨建设用地使用权地价的评估行为。明确划拨国有建设用地使用权地价，是指以划拨方式取得的、无年期限制的土地使用权价格等内容。

（七）《农村集体土地价格评估技术指引》

2020 年 4 月 22 日，自然资源部印发《农村集体土地价格评估技术指引》，通过构建全方位、全流程、全覆盖的农村集体土地价格评估技术体系，进一步规范农村集体土地价格评估，显化农村集体土地资源资产价值，促进城乡统一土地市场建设，支持城乡融合发展与乡村振兴战略。

（八）《自然资源价格评估通则》

2021年3月2日，自然资源部印发了《自然资源价格评估通则》TD/T 1061—2021和《自然资源分等定级通则》TD/T 1060—2021，属于中华人民共和国土地管理行业标准，自2021年6月1日开始实施。《自然资源价格评估通则》指导和规范我国自然资源价格评估的基本理念与定位、技术方法与程序，明确自然资源价格评估执业准则，科学显化自然资源资产价值，服务于自然资源的市场配置与合理开发利用。适用于土地、矿产、海域、无居民海岛等自然资源的价格评估，以及涉及森林、草原、湿地、海洋等自然资源的生态保护补偿和生态环境损害赔偿评估。《自然资源分等定级通则》为指导和规范自然资源分等定级程序与方法，科学评价和管理自然资源，全面掌握我国自然资源质量分布状况，促进自然资源保护与合理开发利用，适用于自然资源分等定级活动。

六、土地估价行业的业务应用

我国土地估价服务应用领域广泛，从大类上来划分，可以分为政府领域和市场领域。政府领域的土地估价服务主要包括国有建设土地使用权出让价格评估、补交地价评估、集体建设用地入市、农用地评估、海域使用权出让评估、城镇基准地价和标定地价编制、城市地价动态监测、土地税基评估和土地征收价格评估等。

市场领域的土地估价服务主要包括土地转让价格评估、土地抵押价格评估、土地司法鉴定评估、土地分割或合并价格评估、土地租赁价格评估、作价出资（入股）评估和以财务报告为目的的土地评估，以及以企业设立、重组、改制、上市、增资扩股、产权交易、资产置换、合并、分立、破产、关闭、清算等经济活动为目的的土地估价等。并且在此基础上衍生出建设用地地下空间使用权评估、地役权评估、设有附加权利的土地使用权评估等。

目前土地估价行业除了上述的土地估价业务以外，随着经济的飞速发展，土地咨询服务的市场需求越来越大，专业的土地咨询服务越来越被社会所重视，土地咨询服务逐渐成为土地估价服务领域的重要组成部分。土地估价更多的与房地产估价或者资产评估同步进行，除此之外，土地估价的业务应用还包括以下几种特有的类型。

（一）基准地价评估

基准地价评估包括农用地基准地价评估和建设用地基准地价评估，是指土地的基本标准价格，是各地方政府将某一区域根据不同土地类别、不同土地级别分别评估和测算的某一时点土地使用权的平均价格。我国的城镇土地基准地价评估体系已经日益完善，土地估价机构已经掌握了成熟的技术手段为我国的城镇土地基准地价编制发挥作用。随着我国的经济政策逐渐调整，集体建设用地和农用地会逐渐走向市场，激发市场活力，未来有很好的市场前景。

（二）国有建设用地使用权出让与补地价评估

国有建设用地使用权出让与补地价评估已经发展相对成熟，规章制度的实施进一步促进了土地出让的合法合规。至此，我国的国有建设用地使用权出让地价评估已较为完善，具备了高品质服务社会的技术能力，为我国的土地出让建立了坚实的支撑，保护了国家合法的土地权益，提高了政府的土地管理水平。

（三）集体建设用地入市评估

面向未来，集体建设用地入市评估将会是土地估价行业发展的重要领域，包括所涉及的农村集体经营性建设用地出让、租赁、入股，实行与国有土地同等入市、同权同价等。自集体建设用地试点进入市场之后，土地估价市场便扩大了服务范围。除上述集体建设用地评估工作外，未来随着集体建设用地的管理程度和流转程度加强，集体建设用地评估还有可能拓展到地价监测、税基评估、以财务报告为目的的集体建设用地评估等目的。另外，随着国家对集体建设用地的改革推进，未来这方面的评估市场必将大有可为。

（四）农用地评估

农用地是土地利用分类中的一级分类，包括耕地、园地、林地、牧草地、其他农用地。在对农用地进行调查评估的同时，强调对耕地质量的管理与建设，规范农用地的相关概念，增强社会保护与提高耕地质量的意识，标志着我国土地评估工作已经朝着综合评估的方向发展。目前我国的农用地估价已经建立起了完整的估价体系，随着农用地管理制度改革的推进，未来将会形成巨大的评估咨询服务市场。

（五）城市地价动态监测

我国在城市基准地价更新的基础上，建立了覆盖直辖市、计划单列市、省会城市以及长江三角洲、珠江三角洲、京津地区50个主要城市，以标准宗地的标定地价为监测对象的城市地价动态监测体系。城市地价动态监测的主要目标和任务是通过确定城市监测范围，设立标准宗地（地价监测点），组织土地估价师及时跟踪采集标准宗地的地价信息，全面系统地对城市地价及相关信息进行动态监测、收集、整理和分析，及时把握土地市场地价动态变化，编制年度、季度监测报告和地价指数，为政府部门把握土地市场运行态势和价格走势，增强市场监管和调控能力提供服务，为国土资源管理部门参与宏观调控提供决策依据，同时满足社会公众的信息需求。

（六）土地咨询服务

土地咨询服务主要是指贯穿于土地征收、储备、出让、开发和二次开发全过程，为参与各方提供法律法规、政策、信息和技术等方面服务的经济活动。

随着时代的发展，土地咨询业务类型也随之变化，目前常见的土地咨询业务根据时间阶段可以划分为：

（1）取得土地前：拍卖土地底价咨询和项目建议。

（2）取得土地后首次开发：项目可行性研究分析。

（3）土地二次开发：土地整备、城市更新和棚户区改造。

各时间阶段所涉及的咨询业务类型是多种多样的，以土地整备为例，具体包括投资机会分析及风险分析、项目前期咨询、项目团队专业培训、房屋产权确认、征收全程咨询顾问、房屋征收评估督导、土地置换方案经济测算、征收证据保全、专业安置房分配、土地整备项目实施咨询、社会经济效益分析、社会稳定风险评估等。

（七）土地登记代理

土地登记代理主要是为委托人申请办理土地登记、领取土地证书，从事与土地登记相关的土地权属指界、资料查询、验收宗地测量成果等工作。随着时代发展，服务行业的产业链条随之拓展，土地估价行业和土地登记代理行业应当借助良好的融合基础，合力发展。

(八)自然资源资产评估

自然资源资产,从自然资源管理角度包括山水林田湖草;从资产评估角度包括土地、矿产、森林、草原、湿地、海洋。为统一行使全民所有自然资源资产所有者职责,统一行使所有国土空间用途管制和生态保护修复职责,着力解决自然资源所有者不到位、空间规划重叠等问题,实现山水林田湖草整体保护、系统修复、综合治理。自然资源权益涉及八项制度:一是资产清查统计,二是价值评估和资产核算,三是编制资源清单和委托代理,四是资产规划使用和管护,五是资产配置,六是收益管理,七是评价考核监管,八是资产报告。故在自然资源资产中涉及评估的业务范围包括:①全民所有自然资源资产清查;②全民所有自然资源资产价值量估算;③委托代理;④自然资源资产平衡表编制测算;⑤自然资源资产生态价值评估;⑥企业碳排放核查与管理、碳交易撮合等。

第三章

中国香港测量业的发展与房地产市场情况

第一节 中国香港测量业的发展回顾

一、中国香港测量业的发展现状

香港、澳门、台湾自古以来便是我国固有领土，虽然在历史上由于内外战乱纷争几经坎坷，但是目前经济社会也保持着良好的发展面貌，特别是香港和澳门在20世纪末回归以来，凭借良好的经济发展基础以及"一国两制"的制度优势，经济社会持续保持着稳定发展。

在香港，我们所熟知的评估行业及其专业技术人员被称为测量业和测量师，这是由其特殊的历史和社会发展状况造就的，其中承载了一段难忘的历史，也蕴含着香港测量业的特色。香港测量业起源于一位来自英国的测量师。1844年1月，港英政府拍卖两块土地，其中涉及的估价行为也是香港历史上的首次房地产估价行为，标志着香港测量业的开端。直至20世纪60年代末，香港估值咨询行业开始迎来发展的黄金阶段。当时香港借由发展劳动密集型制造业及出口导向型发展战略，开始了经济腾飞，逐步跻身于"亚洲四小龙"之列。及后活跃的金融市场带动房地产市场的发展，并对房地产估价的需求十分庞大。

测量师凭借自身的丰富专业知识和值得信赖的专业服务，拥有较高的社会地位，经常能在房地产市场、城市规划建设、土地利用规划等方面为政府决策提供专业意见，从而凭借专业知识在承担社会责任的过程中实现行业和个人的价值追求。在历史上，就有一些优秀的测量师在改革开放过程中将香港的先进经验和成熟制度介绍到内地，如梁振英、简福饴便在改革开放初期受邀到上海、深圳等地为土地制度改革和土地批租试点提供协助，并在香港回归的过程中特别是为《香港特别行政区基本法》的制定发挥了重要作用。

近几十年，香港的专业测量师资格逐步规范化及本地化。先是英国皇家特许测量师学会专业测量师团体在香港设立分支机构，以促进相关专业人士的本地化和培训。香港地区的其他机构，包括香港大学，香港理工大学和香港城市大学，亦相继开始提供与测量评估有关的专业培训课程计划。在1984年，香港测量师学会（HKIS）正式成立并进一步促进了香港测量师的本地化。香港测量师学会由"测量师注册条例"（第417章）注册成立，负责管理专业服务和专业标准，制定道德守则，接纳专业测量师，并为会员提供持续专业进修和发展。截至2021年4月，会员人数达10679人，其中逾7280人为正式会员。

作为香港测量业唯一的自律专业团体，其下设建筑测量组、产业测量组、土地测量组、规划及发展测量组、物业设施管理测量组和工料测量组6个组别，截至2019年，专业测量师共计6800人左右。其中，在政府机构的有500人左右，在私营企业的有6300人左右，产业测量师约有2100人，从事估价服务的专业测量师占比不到总数的50%。香港从事产业测量的公司有77家，较为活跃的测量师行有15家左右。

一方面，企业上市需要进行资产评估；另一方面，金融市场的活跃也带动了房地产市场的发展，而房地产市场对估价的需求显然是十分庞大的。在这样的背景下，香港的测量师行开始如雨后春笋般纷纷涌现，测量业开始快速发展壮大。

在测量师行中，市场上有五个大型参与者，俗称"五大行"，即世邦魏理仕、仲量联行、高力国际、戴德梁行（2015年由DTZ与Cushman & Wakefield合并）和第一太平戴维斯。其他参与者则主要是中小型测量师行。此外，香港测量师学会更与多国专业团体签订互认协议，包括英国皇家特许测量师学会、加拿大工料测量师学会、中国房地产估价师与房地产经纪人学会等，令部分符合资格的持证人士也可以获得另一学会的资格证书。随着内地改革开放，中国香港大部分大型测量公司都在中国内地成立了分部，向中国内地提供专业服务。

二、中国香港测量业的相关法规

1987年至1988年对于香港测量业来说是难忘的。由于香港是市场经济高度发达的国际自由港城市，经济发展对外依存度高，因此，经济发展状况极易受外部影响。1987年，源于美国的"黑色星期一"股灾在爆发后迅速蔓延至香港，使香港经济一片萧条，但对长期随股市、楼市起伏而发展的香港测量业而言，为了不断增强市场抗风险能力，只有不断加强内功修炼，提升行业综合实力，才能在激烈的市场竞争中生存并强大起来。1988年6月，英国皇家特许测量师学会香港分会与香港测量师学会联合发布了《香港物业资产评估指引》，这是香港测量业的第一份评估准则，它的发布标志着香港测量业正式走上规范化和标准化的轨道。从那时起，香港测量师学会定期发布与修订评估指引，以不断适应市场发展对测量业专业化和规范化的需要，满足客户更加个性化的需求。

1990年，香港立法局通过了《香港测量师学会条例》，规定香港测量师学会是唯一依法例成立的香港测量师专业团体。次年，在该条例基础上更进一步，通过了《测量师注册条例》，并根据该法例成立了测量师注册管理局，专门管理香港测量师的注册。香港测量师学会更在1991年与英国皇家特许测量师学会签订互认协议，香港测量业开始步入发展的新时代。

1999年，香港经济开始从亚洲金融风暴的影响中复苏，香港测量业也开始重整旗鼓。1999年9月，香港测量师学会发布了《物业资产评估指引（第二版）》，这是香港测量师学会第一份独立制定与发布（之前都是和英国皇家特许测量师学会（香港分会）联合制定与发布）的评估指引，印证了香港测量业在香港主权回归祖国后，变得更加独立自主、更加规范和成熟。

2004年8月，香港测量师学会发布了《香港测量师学会商业企业及贸易相关商业资产评估准则》，这是香港测量师学会制定的第一份具有强制性的评估准则。2004年12月，香港测量师学会发布《香港测量师学会物业评估准则》，是学会制定的第二份强制性评估准则。2005年7月，香港测量师学会发布《香港物业就抵押贷款用途的评估指引(第二版)》。

2012年12月，香港测量师学会发布《香港测量师学会评估准则》，以取代2012年以前发布的所有评估准则及指引，该准则也就成为香港测量业第一份强制性综合评估准则。这一份评估准则的发布是香港测量业发展的里程碑，对香港测量业的专业发展和市场的公开透明作出了重大的贡献，标志着香港测量业的进一步完善和规范化。目前，《香港测量师学会评估准则》已经更新到了2017年版，内容亦结合香港会计师公会颁布的《香港财务报告准则》和通行的《国际评估标准》，规范了会员的行为操守并为具体的评估提供指引，并使得相关评估报告能更好地服务不同国别、不同类型评估目的和不同类型的报告使用者，体现了香港测量业与时俱进和与国际接轨的精神。

三、中国香港测量业的业务应用

香港测量业的业务范围非常广泛，包括服务于房地产业和建筑业且服务对象为地产开发商和房产所有权人的专业服务，如土地测量、造价测算、城市规划、地产发展咨询顾问，乃至房地产和土地估价等。根据测量师专业侧重的不同，把测量师分为建筑测量师、产业测量师、土地测量师、规划及发展测量师、物业设施管理测量师和工料测量师等，其中与内地资产评估师、房地产估价师和土地估价师专业服务内容相似的便是产业测量师。

产业测量师的专业服务范围并非局限于资产评估、房地产估价和土地估价。为了在执业活动中充分满足客户的需求，同时拓宽收入来源并降低市场风险，产业测量师的专业服务范围还包括房地产发展顾问、物业租售代理、物业管理、土地和项目管理等诸多领域，即在整体上覆盖了技术性的评估服务和咨询性的顾问、代理、管理等服务，可见服务领域十分丰富和全面。

在评估咨询行业方面，大致分为物业估值和商业估值两大范围，而服务对象包括政府和私人机构，例如开发商、机构投资者、基金公司等。政府收地作市区重建，而开发商和基金公司买卖土地或物业都需要评估咨询公司提供专业服务。物业估值顾问服务主要由拥有专业测量师的公司提供。他们根据客户的需求为客户提供不同目的的估值报告。除物业估值外，他们还提供房地产咨询和顾问服务，包括地政咨询、市场调研、可行性研究、诉讼支持和房地产中介服务等。

香港交易所的要求和财务报告的要求是商业估值需求的主要驱动因素。因此，商业估值主要是为财务报告和公开通报披露而进行的。这些业务通常来自审计师、财务顾问和投资银行家，他们是资产所有者的代理人。有时，公司还会找一名独立测量师进行内部参考所需的估值并与投资者协商。

与房地产估价行业类似，香港商业估值行业从一开始就一直由西方企业主导。一些知名的市场参与者有中证评估有限公司、美国评值公司和西门有限公司。这些公司的规模各有不同，并提供估值服务，包括房地产估值、企业价值估值、商业估值、厂房及机器估值，以及基建估值。

香港房地产咨询行业的市场长期以来分散且缺乏组织结构，因为资产评估和咨询服务提供商没有特定要求获得许可证、证书或专业资格。因此，许多其他服务供货商，如投资银行公司、管理咨询公司和会计师事务所（无论是本地还是国际公司）也提供类似的资产评估和咨询服务。

面对香港城市发展所带来的房地产建筑需求，预计香港评估咨询行业发展前景将转型为高增值的顾问咨询服务：透过科技取得并分析数据，配合测量师的专业经验进行复杂的判断及建议，为客户提供更贴切的规划及咨询服务。而香港近年来大型基建项目陆续增加，测量专业人才供不应求，政府及私人机构纷纷向测量师招手。根据皇家特许测量师学会最新发布针对房地产专业的2019年亚洲房地产福利及薪酬调查显示，建筑行业薪酬平均升幅达5.2%，而拥有RICS特许测量师资格的专业人士薪酬较没有专业资历的专业人士高38%，可见其专业优势。

第二节　中国香港的宏观经济及房地产市场概况

一、中国香港的宏观经济发展

在过去20年，尽管国际经济环境不断转变，香港作为发达经济体，仍然保持生产总值（GDP）稳步增长，世界经济论坛发布2019年《全球竞争力报告》，在全球141个经济体中，香港排名第3位。香港是第三产业占主导地位的经济体，金融服务（19.7%）、旅游（4.5%）、贸易及物流（21.2%）和专业服务（12.0%）是香港的四大支柱产业，共占香港生产总值的57.3%。2019年年底香港人口为750.07万人，年增长率为0.2%。2020年，受新冠肺炎疫情等多方面因素影响，香港在《全球竞争力报告》中的经济体排名跌至第5位，但在"全球最自由经济体"排名中仍高居第2位。

政策方面，香港在"一国两制"的方针下，继续实施有别于内地社会、经济和政治的制度。《香港特别行政区基本法》作为香港特区的宪制法律，为"一国两制"的原则提供有力保障。主要发挥以下作用：第一，维持有利市场发展的制度环境，包括巩固香港于制度方面的优势，例如法治、简单低税制、公平竞争和便利营商的环境；第二，提供市场不会投资的基建；第三，提供适当的环境和资源，包括投资教育和吸引境外人才来港，借以提升人力资源素质；第四，通过多边和双边经贸谈判，以及参与有关经贸组织，为香港企业争取更佳的进入境外市场条件，并且联同有关机构和组织，协助企业开拓境外市场；第五，推动香港整体经济利益，而私营机构却未准备作出投资的项目。

金融方面，香港作为国际金融中心，金融机构和市场紧密联系，为香港和海外的客户及投资者提供各类投资产品及服务。香港金融市场的特色是流通量高，市场在国际标准监管下运作。政府恪守尽量不干预金融市场运作的原则，并尽力提供一个有利营商的环境，实施低税政策和推行简单的税制，使各类商业有更多主动权及创新空间。香港十分重视法治及维持市场的公平竞争，不会阻止外国公司参与香港的金融市场，更不会限制资金进出香港。

值得一提的是，作为全球第四大的外汇市场，香港不会实施外汇管制，港币可自由兑换，资金可自由进出，这极大地促进了各类金融衍生品的创新与推广，源源不断地向香港提供稳定国际金融中心地位坚实的动力，能够让香港在变幻不定的棋局中持续向前。国际结算银行公布2019年外汇与衍生工具市场成交额调查结果，以场外利率衍生工具成交金额计，香港位居全球第三位。

物流方面，香港地处亚太中心，地理位置优越，海、陆、空交通便利，成为世界上最重要的港口之一。作为国际自由港，在国际货运和贸易服务方面积累起高效的集装箱装卸、分拨、物流配送、审单、查验、通关和相关争端解决机制等经验和技术。香港作为内地的对外出口城市，是往返内地货物的重要转口点，使之成为内地最大的贸易伙伴。积极参与国际贸易关系是香港贸易全年活跃的重要因素之一。2018年，香港的货柜吞吐量在全球排名第7位，近200万个标准箱。

外贸方面，根据联合国贸易和发展会议（贸发会议）2019年世界投资报告，2018年中国香港的直接外国投资达到1157亿美元，位居世界第三，亚洲仅次于中国内地（1390亿美元）。就外商直接投资流出而言，中国香港在亚洲排名第三，总价值达852亿美元，仅次于日本（1432亿美元）和中国内地（1298亿美元）。根据香港特区政府的统计数字，中国香港的大部分直接投资与服务业有关，包括投资及控股、房地产、专业及商业服务，银行和进出口贸易、批发和零售。

总体来说，2019年至2020年全球经济疲软，遇到"新冠肺炎"雪上加霜，根据香港统计处数字，香港2019年和2020年GDP按年份分别收缩1.2%和6.1%。于2020年，香港货物出口全年下跌0.2%。受到香港社会动荡的影响，服务出口按年大幅下跌37.6%，旅游服务出口疲弱，创下有纪录以来最大跌幅，2020年12月入境游客总数较2019年同比减少100%至164人次。货运及客运往来疲弱，导致运输服务输出明显下跌，而商业和其他服务的出口则跌幅较少。香港内部需求疲弱，私人消费支出按年下跌9.5%，市民的消费意欲欠佳，令营商气氛转为悲观。然而，香港的整体经济根基依然稳固，核心竞争力不易动摇，相信疫情过后香港经济很快便可复苏。

二、中国香港的房地产市场发展

香港资本市场与房地产市场联系密切，特别是伴随着资本市场的周期性起伏，房地产市场也会随之繁荣或萧条，在这样起伏不定的市场环境中，香港测量业界逐步意识到要在这样的发展环境里壮大起来。因此，香港测量业发展至今，虽然经历了数次金融资本市场和房地产市场的巨大波动，但在整体上越发成熟，并且保持着良好的发展趋势。

中国香港

根据香港统计处资料，2019年，房地产、专业和商业服务按基本价格计算，其生产总值为2765.05亿港元。

与2018年同期相比，2019年度房地产、专业和商业服务业的净产值实际下跌1.54%，而2018年度增长1.54%。

由于过去几年的增长，2019年12月的整体楼价已超越1997年高峰值119%。在第四季度，购房负担能力指数（即45平方米的住房抵押贷款支付与家庭中位数收入的比例，不包括居住在公共房屋）增加到72%左右，大大高于20年（1999—2018年）平均值44%。如果本地利率上升3个百分点至更合理的水平，该比率将飙升至93%。

根据香港地政总署的数字，于2020年有15幅土地售出，总面积约9.8公顷，成交金额约387.7亿元。香港特区政府通过增加土地供应来提高供应量是政府在确保房地产

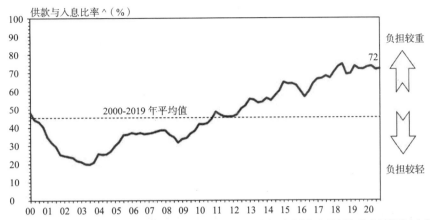

注：(^) 45平方米单位的按揭供款（假设按揭成数为70%及年期为20年）相对住户入息中位数（不包括居于公营房屋的住户）的比率。

市民的置业购买力指数依然高企

来源：政府经济顾问办公室-2020 Economic Background and 2021 Prospects

市场健康发展方面的首要政策优先事项。2021年2月，政府公布了2020—2021年的土地出售计划，该计划包括15个住宅用地，总共可提供约6000个单位。结合各类土地供应来源（包括政府土地出售，铁路物业发展项目，市区重建局的项目以及私人发展及重建项目），2020-2021年度潜在的私人房屋土地供应总量估计能生产约16500个单位。未来10年的房屋供应目标为43万个单位。

住宅物业市场在2019年前5个月保持活跃后，自6月起明显转趋平淡，这是由于环球经济转弱、美国与内地贸易摩擦、本地社会事件等负面因素，对房地产市场造成了打击。

经济状况欠佳，商业及工业楼宇市场于2020年下半年也越发疲弱。全年合计，售价显著下跌，租金则呈现不同走势。所有主要市场环节的交投活动均疲弱。

根据香港差饷物业估价署数字，2020年全年，写字楼的平均售价下跌约11%。按写字楼级别分析，甲级、乙级和丙级写字楼的售价分别下跌19%、8%和7%。写字楼的租金下跌约8%。按写字楼级别分析，甲级、乙级和丙级写字楼的租金分别下跌10%、7%和8%。在2020年12月，甲级和乙级写字楼的平均租金回报率分别为2.6%和2.6%，1年前的回报率则分别为2.5%和2.7%。供求平衡方面，由于写字楼266900平方米的落成量远高于147000平方米的使用量，空置率由2018年年底的8.6%上升至2019年年底的9.0%，但仍低于1999年至2018年期间9.3%的长期平均数。

2020全年，零售摊位的售价和租金分别下跌18%和5%，反映在下半年因零售市道急剧转差而出现的调整。因此，平均租金回报率同期由2.8%跌至2.6%。由于零售摊位 8300 平方米的使用量远低于 117500 平方米的落成量，空置率从 2018 年年底的 9.4%上升至 2019 年年底的 10.1%，继续高于 1999 年至 2018 年期间 8.8% 的长期平均数。

2019 全年，分层工厂大厦的售价和租金下跌 2%。平均租金回报率同期保持 3.0% 不变。由于分层工厂大厦 60300 平方米的使用量高于 56200 平方米的落成量，空置率从 2018 年年底的 6.3% 下跌至 2019 年年底的 5.9%，低于 1999 年至 2018 年期间 7.3% 的长期平均数。

据政府估计，在未来 3 到 4 年内，一手住宅物业的供应量将达到 78400 个单位。政府预计将建造约 100400 个公屋和资助单位，其中约 74400 个为公屋单位，资助房屋约 26000 个。中长期而言，多个发展区项目将为香港带来超过 21 万个房屋单位。

改划房屋用地方面，过去 6 年已完成 135 幅，涉及超过 14.7 万个公营房屋单位及约 4.4 万个私营房屋单位。另有 12 幅正在改划中，预计可提供约 1.1 万个房屋单位，超过 90% 为公营房屋。另有 25 幅的规划工作会在 2021 年陆续展开，涉及近 8.5 万单位，逾九成为公营房屋。此外，为期 3 年的"土地共享先导计划"在 2019 上半年开始接受申请，以 150 公顷土地为上限，相信可以补充短中期的公私营房屋供应。鉴于上述政府政策，预计未来几年的房屋供应将大幅增加，从而推动房地产市场。

三、中国香港对房地产发展的政策

行政长官林郑月娥女士在 2021 年 10 月 6 日发表了任内最后一份施政报告，报告中提及要建设"新界北都会区"，面积约为 300 平方公里（3 万公顷），占近三成香港土地面积，打造一条由西至东的深港口岸经济带，让新界北成为香港未来 20 年城市发展和人口增长最蓬勃的地区。

新界北都会区的范围横跨了天水围、元朗、粉岭、上水等已具完善成熟配套的新市镇及相邻乡郊地区，当中有 6 个处于不同规划及建设阶段的新发展区和枢纽，包括古洞北／粉岭北、洪水桥／厦村、元朗南、新田／落马洲、文锦渡和新界北新市镇，建设完成后将会提供 90.5 万～92.6 万个住宅单位，可以容纳 250 万人口居住。都会区内将会设有 7 个跨境陆路口岸，连接后海湾、大鹏湾及深圳河，由于邻近深港口岸，新界北都会区将成为国际创新科技中心，亦有助创造大量就业机会，区内职位数目亦会由现时 11.6 万个，大幅增加至约 65 万个，其中 15 万个与创科产业相关。

香港未来将会有南北两个核心都会区，香港南方有以金融为主的维港都会区，而新界北都会区将会以创科的新经济产业为主，无疑打破了以往过于依赖金融等专业行业的已有框架，有助突破香港经济发展的瓶颈。南北区发展并驾齐驱，更能有效使用香港珍贵土地和人力资源，建设基建和配套设施，打造宜居生活和工作环境。

新界北相较于香港其他地区，拥有大量未被开发及使用的土地。香港现时正面临各方面的深层挑战，其中在用地短缺及房屋供应不足的问题上备受困扰。新界北都会区的规划正有助开拓新资源，增加土地供应。近年新界区人口不断增长，但区内不少新界居民仍要跨区工作。职住失衡无疑浪费了大量时间在交通出行上，不但会影响生活质素，为南北交通带来重大负担，也间接压抑了新界区的发展潜力。新界北都会区可以改善以上问题。在地理位置上，北区邻近深圳，随着建立完善跨境设施及交通网络，两地跨境通勤的时间会进一步缩短，便捷两地居民。长期而言，香港与深圳两地若能互补及合作，相辅相成，有助促进港深融合发展。

除"新界北都会区"外，"明日大屿愿景"（简称"明日大屿"）亦是香港特别行政区行政长官林郑月娥在2018年度施政报告中提出的香港大形发展计划。2018年施政报告指出，"明日大屿"将是未来二三十年香港的长远发展愿景，项目计划在交椅洲和喜灵洲附近分阶段填海兴建人工岛，填海面积达1700公顷。除人工岛填海外，"明日大屿愿景"亦包括北大屿山周边水域的近岸填海工程、兴建策略性交通基建及升级现有道路基建等工程。发展局估算，"明日大屿"计划中交椅洲填海所得的1000公顷土地约可提供15万~26万单位。除住宅单位外，交椅洲亦将成为第三个核心商业区，提供达400万平方米商业楼面面积，约20万个就业机会。为配合中部水域人工岛的发展，政府将推展全新的道路及铁路网络，贯通人工岛、香港岛、北大屿山及屯门等地带，包括建造一条与北大屿山公路并行的高速公路（P1公路）。

第三节 "一带一路"倡议对中国香港的影响

一、香港宏观经济方面

2017年12月14日，国家发展改革委主任何立峰在京会见来访的香港特别行政区行政长官林郑月娥一行。双方签署了《国家发展和改革委员会与香港特别行政区政府关于支持香港全面参与和助力"一带一路"建设的安排》，内容聚焦金融与投资、基础设施与航运、经贸交流与合作、民心相通、推动粤港澳大湾区建设、加强对接合作与争议解决服务等，支持有关方面利用好香港平台，为"一带一路"建设提供多元化融资渠道；推动基于香港平台发展绿色债券市场；发挥香港作为全球离岸人民币业务枢纽的地位，推进人民币国际化；支持香港发展高增值海运服务；进一步推动内地和香港在信息、公路、铁路、港口、机场等基础设施领域加强合作；支持香港参与有关区域经济合作机制；支持香港举办高层次的"一带一路"建设主题论坛和国际性展览；支持香港积极参与和推动粤港澳大湾区建设；支持香港建设亚太区国际法律及争议解决服务中心等。

在《国家发展和改革委员会与香港特别行政区政府关于支持香港全面参与和助力"一带一路"建设的安排》中，重点领域包括：

（一）金融与投资

（1）在符合相关金融市场规范及金融领域监管的基础上，促进各主要利益相关方（包括投融资方和项目营运方）通过香港平台共同合作，为"一带一路"建设提供所需资金和多元化的融资渠道，包括上市集资、银团贷款、私募基金、债券融资等服务。

（2）支持香港金融管理局基建融资促进办公室（IFFO）继续发挥作用，汇聚主要参与者，共同促进基础设施建设项目投融资。

（3）推动基于香港平台发展绿色债券市场，支持符合条件的中资机构为"一带一路"建设相关的绿色项目在香港平台发债集资；推动建立国际认可的绿色债券认证机构。

（4）配合人民币国际化的方向，充分发挥香港作为全球离岸人民币业务枢纽的地位，完善内地与香港之间的人民币跨境双向流动渠道，鼓励通过人民币跨境支付系统（CIPS）完成跨境人民币业务的资金结算，推动两地资本市场进一步互联互通，便利两地规范的跨境投资活动。

（5）支持参与和助力"一带一路"建设的金融机构（含相关投资机构和多边发展银行）进一步加强与香港的合作联系，在符合相关法律规定、规则及程序的基础上，上述机构根据业务需要在香港设立分支机构及开展资金运作、市场营运等业务，鼓励已在香港设立办事处的机构进一步发展其在港业务。

（6）鼓励香港与内地企业、金融机构共同参与和助力"一带一路"建设项目，并与项目所在地的相关部门、企业、金融机构共同合作，进一步探索以"政府和社会资本合作模式"（Public Private Partnership，PPP）推动项目建设，并参照国际规范建立项目合作机制和协议范本，充分调动社会投资。

（二）基础设施与航运服务

（1）支持香港为"一带一路"建设基础设施项目提供可行性及风险评估、研发、融资，以及规划、设计、建造、监理、管理及养护等专业服务，鼓励内地企业以香港为平台，与香港企业一起"走出去"，共同开拓相关国家和地区的基建市场。

（2）支持香港为"一带一路"建设的大型基础设施项目提供保险及再保险等专业服务，视情推动内地企业在香港成立专属自保公司，为其海外业务安排保险，完善企业的风险管理体系。

（3）利用香港在环境和规划管理方面的专业优势，例如在港的专业机构提供有关环境影响评估、绿色建筑和污染控制等方面的技术及服务，促进"一带一路"建设项目符合可持续发展和环保等要求。

（4）支持香港发展高增值海运服务，包括海事保险、船舶融资、海事法律和争议解决、船舶管理等，鼓励内地海运企业充分利用香港的专业服务，推动香港发展成为重要的国际海运服务中心。

（5）巩固香港国际航空枢纽地位，推动珠三角地区机场群良性互动，利用香港通达全球的航空运输网络，发挥香港在国家开放格局中的重要门户作用。

（6）进一步推动内地和香港在信息、公路、铁路、港口、机场等基础设施领域建立合作伙伴关系，积极与相关国家和地区开展工程承包与劳务合作。在发挥内地基础设施设计和制造方面优势的同时，带动香港咨询、金融、项目管理、保险等专业服务发展。

（三）经贸交流与合作

（1）鼓励内地企业根据需要在香港成立地区总部，以香港作为进入相关国家和地区的前沿平台，在"一带一路"建设框架下开展合规经营；支持相关国家和地区的企业在香港成立地区总部，开拓内地市场，使香港能在"走出去"和"引进来"两方面都发挥重要作用。

（2）支持香港参与国家主导的区域经济合作机制，与相关国家和地区及经济体商签自由贸易协议及双重课税宽免安排。

（3）加大内地对香港开放力度，推动《内地与香港关于建立更紧密经贸关系的安排》升级，进一步促进与相关国家和地区的贸易及投资。

（四）民心相通

（1）鼓励香港高等院校积极与相关国家和地区的高等院校合作，吸引相关国家和地区的学生来港升学及进修，培育各方面优秀人才。

（2）鼓励举办更多交流项目，支持香港与具备条件的国家研究签订工作假期计划的双边安排，增加香港青年在相关国家和地区中资企业的实习机会，支持香港艺术机构及艺术家参与在相关国家和地区开展的文化艺术交流。

（3）支持香港为相关国家和地区政府机关、投资机构及企业提供公共行政、城市管理、金融规管、公共关系、宣传推广、航运（特别是航空）、城市轨道交通运营等专业培训。

（4）支持在香港举办高层次的"一带一路"建设主题论坛和国际性展览。支持香港各界参与内地"一带一路"建设主题论坛和国际性展览。

（5）鼓励香港发挥区位优势，与相关国家和地区合作开发"一程多站"旅游产品；利用香港作为亚洲邮轮枢纽地位，积极拓展"海上丝绸之路"旅游线路。支持香港举办"一带一路"建设会展活动，加强与相关国家和地区合作关系。支持香港今后加入内地建立的有关"一带一路"旅游信息平台，共享"一带一路"旅游资源、发展机遇等旅游信息。

（五）推动粤港澳大湾区建设

（1）支持香港积极参与和推动粤港澳大湾区建设，深度参与粤港澳大湾区科技创新中心建设，与大湾区其他城市优势互补，发挥协同效应，并作为双向开放平台，与大湾区城市共同"走出去"，建设带动中南、西南地区发展，辐射东南亚及南亚的重要经济支撑带，积极参与和助力"一带一路"建设。支持香港把握粤港澳大湾区建设的机遇，拓展自身经济社会发展空间，提升在国家经济发展和对外开放中的地位与功能。

（2）深化大湾区与相关国家和地区在基础设施互联互通、经贸、金融、法律及争议解决服务、生态环保及人文交流领域的合作，进一步完善对外开放平台，打造推进"一带一路"建设的重要支撑区。

（六）加强对接合作与争议解决服务

（1）进一步完善内地和香港围绕"一带一路"建设投资合作方面的沟通机制，探讨搭建"一带一路"共享项目库。通过项目库建设及相关信息交流，促进与内地主管部门、贸易投资促进机构和参与项目的内地商协会、企业、金融机构进行充分对接。

（2）推动香港与内地企业及金融机构发挥各自优势，并充分利用内地的贸易投资促进机构和特区政府的海外经济及贸易办事处、香港贸易发展局及旅游发展局的海外网络，通过多种方式合作"走出去"，包括共同组织赴相关国家考察、推介和招商。

（3）进一步推动参与和助力"一带一路"建设的内地和香港企业、金融机构建立策略伙伴关系，联合参与项目投资和产业园区建设，降低企业赴相关国家投资的风险。

（4）支持香港建设亚太区国际法律及争议解决服务中心，为"一带一路"建设提供国际法律和争议解决服务。

2019年9月12日，第四届"一带一路"高峰论坛在香港举办，主题为"成就新机遇——由香港进"，汇聚了69个国家和地区近5000名与会代表，包括商业领袖、政府官员、投资者、项目业主、学术界研究员、民间组织代表以及国际组织的代表。共同探讨在当今复杂的社会和商业环境中，"一带一路"多边合作战略所面临的机遇与挑战。内容包括开闭幕仪式、2场政策对话环节、2场主论坛、8场专题分组论坛、3场投资项目介绍环节以及700多场一对一项目对接会，涉及超过240个项目。

于2020年11月30日及12月1日，香港特区政府与香港贸易发展局（贸发局）合办第五届"'一带一路'高峰论坛"，主题为"洞悉商机 共建可持续及共融未来"，以网上形式举行，汇聚了约80个国家及地区逾6000名政商界翘楚参与。论坛同时举行700多场，涉及超过240个项目的一对一项目对接会，更首次举办虚拟展览，逾30家来自银行及金融服务、基础建设、专业服务及科技及创新的香港公司参与推介其业务。

香港是中国通往"一带一路"国家的重要通道。香港贸易发展局是于1966年成立的法定机构，负责促进、协助和发展香港贸易，并在世界各地设有50个办事处（包括北京、广州、上海、成都、武汉、华盛顿、纽约、旧金山、多伦多、布鲁塞尔、伦敦、日内瓦、柏林、东京、悉尼及新加坡等），其中13个设在中国内地，致力推广中国香港作为环球商业投资的枢纽。香港贸易发展局通过举办国际展览会、会议及商贸考察团，为企业（尤其是中小企）开拓内地和环球市场的机遇。

2019年3月，中国香港与澳大利亚签订了自由贸易协定，6月与阿联酋签订了投资促进和保护协议，这使香港的自贸协议达到了8个，相互鼓励和保护投资协定（IPPA）达到21项，清晰说明香港对于自由贸易的承诺。同年，分别在迪拜和曼谷开办了新的经济贸易办事处。

在"一国两制"原则下，香港具有重要的战略地理位置，能将中国内地和"一带一路"

其他国家联系起来,在多个领域创造更多合作机会。6年来,在中央政府的大力支持下,香港发挥所长,全面参与"一带一路"建设,推动粤港澳大湾区建设,为各类企业提供贸易、投资、法律等方面的专业服务以及国际化的人才支持,形成了一系列的突出成果。

二、香港测量业方面

受到"一带一路"倡议的积极影响,越来越多的香港公司与成员国家和地区展开项目合作,在一定程度上为香港测量业带来了更多商机。例如,中国招商局集团于2018年投资吉布提国际自由贸易区,该项目是实施和深化中非海外战略合作的重要里程碑。吉布提国际自由贸易区的规划建筑面积为48.2平方公里,主要由中国公司投资。招商局集团参与了吉布提港口公司的重组,收购其23.5%的股份,成为该港口的第二大股东。一家香港估值公司为招商局集团提供了有关土地价值和项目回报的专业评估咨询服务,评估结论与咨询服务得到了项目双方的一致认可,对项目的顺利签订起到了重要的作用。

不仅香港上市公司要进行业务收购,个人投资者也经常收购"一带一路"沿线国家的房地产。据报道,柬埔寨、泰国和越南等"一带一路"国家已成为香港房地产投资者的新宠儿。越来越多的香港投资公司专门帮助香港投资者对"一带一路"的国家进行定向投资。例如,一家香港房地产代理集团已经在越南设立了办事处,主要为香港客户提供越南房地产市场信息,帮助香港投资者更好地了解国外市场,以促进当地的房地产投资。这些公司还帮助投资者有效地确定目标,并在交易完成之前加强尽职调查流程。更重要的是,通过办事处,投资者可以弥补对外国房地产市场不熟悉而导致的亏损风险,从而保障投资回报的最大化。在房地产估价与咨询公司的帮助下,香港企业和个人投资者都能够更轻松地在"一带一路"国家进行投资。

在"一带一路"倡议的引领下,随着海内外房地产投资机遇增多,香港的评估咨询行业发展将得到助推。未来会有更多中国内地房地产评估咨询公司到香港开设分支机构,将中国内地的专业评估资源注入香港国际化的评估咨询行业体系中,深化两地人才与技术融合,在"一带一路"倡议的推广下,共同发掘海外评估咨询市场,共同探索评估咨询行业技术革新。

作为具有丰富海外业务经验的评估机构,国众联集团适应时代的需求和评估国际化的趋势,2016年在香港开设子公司——国众联(香港)测量师行有限公司,业务范围包括大宗物业代理、资本市场交易顾问、高级债务融资、夹层融资/麦则恩投资、优先股股权融资、股权资金筹措等。

根据大量的项目经验，我们认为，"一带一路"沿线国家的合作将日益增多，各国贸易合作关系将更加密切。有必要在"一带一路"各国主要城市开设估价机构办事处，当我们的客户在海外，特别是房地产投资客户有估价和咨询服务的需求时，我们要求当地具有专业资质的合作伙伴协助我们在项目所在地区开展估值工作，并共享当地市场交易信息，完善和丰富我们提供的专业评估报告。

除此之外，在香港，我们拥有大量与国际接轨的评估行业人才，通过举办研讨会、研学班及主题峰会，加强各国评估专业人才的深入交流，在"一带一路"合作平台中发挥出更积极的作用，迎接更多的机遇与挑战。

三、对香港房地产评估咨询行业的机遇

香港特区政府一直致力于制定贴合香港房地产市场的政策。无论是"新界北都会区"，还是"明日大屿"，皆为香港的房地产市场及房地产业测量师点亮了一盏明灯。

新界区大部分乡郊土地仍保留为乡村式发展及农业用途地带，在上述两项发展蓝图下，政府会用征收私人土地作发展用途。由于政府收回私人土地，需要对持有该土地的私人业主作出法定赔偿。房地产评估及咨询公司可以为政府和私人业主在收地赔偿的金额提供咨询服务，以达成两方收地协议。

香港四大发展商于在新界共持有逾亿尺农地，以元朗及北区占多数，随着新界北都会区的发展，有大批农地可被释放发展，当中以恒地、新地、新世界、长实持有最多农地。以古洞北新发展区为例，在北部都会区蓝图中以最具发展优势，古洞北一带的农地未来会以兴建住宅为主，可提供超过8万个单位。随着古洞北发展日渐成熟，加上有完善的交通配套，邻近铁路站、公路和现有口岸，相信会成为发展商抢地战的战场。房地产评估及咨询公司可以为发展商买地上提供评估服务，亦可为其发展项目提供可行性研究服务。若买地牵涉法律纠纷，房地产评估及咨询公司也可提供与诉讼相关的支援服务。

发展商兴建房屋，无疑需要进行市场调查以减低项目的风险。房地产评估及咨询公司可以为他们在申请改变规划用途，入则批文等前期发展事宜提供发展顾问服务，协助他们对新项目有更全面的理解。一但新界北都会区建成，在完善的配套措施下，有助吸引更多人口到新界北居住。未来相信会有不少人要为购买住房进行楼宇按揭，当中需要

评估物业价值，房地产评估及咨询公司可以为此提供相关评估服务。

"新界北都会区"和"明日大屿"的建成定必吸引不少内地及不同国家创科及初创企业来香港发展，部分企业甚至会在香港交易所上市，当中会牵涉股权买卖及融资，需要寻求估价师的专业意见。房地产评估及咨询公司可以为这些企业提供商业评估服务。未来相信会有不少企业看好新界北都会区的发展潜力，对商业评估的需求相信会大幅上升。

特区政府所倡议的发展计划皆有长远的发展前景，旨在推动香港进一步融入国家发展大局，会成为香港、深圳及整个大湾区未来几十年的重大发展项目，亦为香港存在已久的深层次问题，如土地住屋、创新科技发展提供了框架性的解决方案。相信在特区政府的多管齐下，香港未来经济得以茁壮发展，亦为香港房地产评估咨询行业带来更多机遇。

第四章

"一带一路"倡议沿线国家评估咨询行业的发展

第一节 印度尼西亚

一、印度尼西亚的经济发展及房地产市场分析

（一）印度尼西亚的宏观经济发展

印度尼西亚是一个经济快速发展的年轻国家，在其庞大的市场规模和中产阶级的崛起进程中，巩固了东南亚地区最大经济体的地位，并成为新兴经济体中的顶级创新者之一。

1997年印度尼西亚受亚洲金融危机重创，经济严重衰退，货币大幅贬值。1999年底才开始缓慢复苏，GDP年均增长3%~4%，直至2003年，国际货币基金组织解除对印度尼西亚的经济监管。苏希洛总统2004年执政后，积极采取一系列经济振兴措施，吸引外资、发展基础设施建设、整顿金融体系、扶持中小企业发展，均取得积极成效，使经济增长一直保持在5%以上。2014年以来，受全球经济衰退和美联储收紧货币政策等负面影响，印度尼西亚盾快速贬值，2015年初经济增长率更是首次低于5%，经济压力明显加大。近年来，印度尼西亚作为一个发展中经济体，保障国内生产总值（GDP）稳步增长，在2019—2020年的全球竞争力报告中排名从第32位下跌至第40位。

2019年印度尼西亚经济继续保持平稳增长，达到1.12万亿美元，同比增长5.02%，是东南亚各国中唯一一个经济总量超过1万亿美元的国家。印度尼西亚人口众多，具备庞大生产力，在2020年达到了2.71亿（在全球排名仅次于中国、美国及印度），人均GDP超过了5690万印度尼西亚盾，约3911.7美元，然而大部分人口仍属于贫穷人口。尽管如此，中产阶级的崛起正标志着经济恢复的迹象。

印度尼西亚中央统计局公布的数据显示，受新冠肺炎疫情的影响，2020年国内生产总值（GDP）比2019年下降2.07%，接近1.06万亿美元，为1998年亚洲金融危机以来首次萎缩。

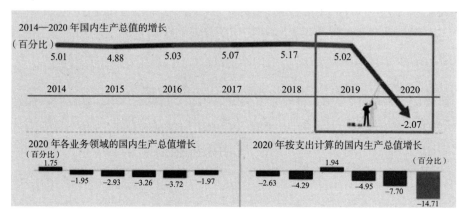

印度尼西亚2014—2020年GDP增长示意图，其中2020年GDP较2019年下降2.07%

产业方面，印度尼西亚主要以农业、工业和服务业这三个产业为经济支柱，总占印度尼西亚国内生产总值（GDP）的96%以上。然而，印度尼西亚的国内生产总值主要依赖于工业和服务业的贡献，而农业的占比则相对较少。

2020年制造业占GDP比重为19.8%。主要部门有采矿、纺织、轻工等。锡、煤、镍、金、银等矿产产量居世界前列。印度尼西亚镍储量约为560多万吨，居世界前列。金刚石储量约为150万克拉，居亚洲前列。此外，印度尼西亚的石油、天然气和锡的储量在世界上占有重要地位。

印度尼西亚全国耕地面积约8000万公顷。粮食作物是印度尼西亚种植业的基础。稻米是主粮，杂粮有玉米、木薯、豆类等。印度尼西亚是东南亚最大的豆类生产国，也是世界上种植面积仅次于巴西的第二大热带作物生产国。经济作物大多在种植园种植，不但品种多，而且部分作物产量更在世界上名列前茅。印度尼西亚的胡椒、金鸡纳霜、木棉和藤的产量居世界首位。天然橡胶、椰子产量居世界第二。

服务业在提升就业和吸引投资方面发挥出重要的作用。长期以来，印度尼西亚服务业存在劳动生产率缓慢、基础设施配套不足、金融服务发展滞后、制度环境不完善等问题，制约了行业整体水平的提高。2015年东盟经济共同体成立，印度尼西亚服务业面临的机遇与挑战并存。2021年2月印度尼西亚服务业的劳动人口达6400万人，较2020年8月增长3%。印度尼西亚服务业于2010年至2020年间平均年增长9.2%。近一半的服务出口创汇来自旅游，服务进口支出主要是在运输。

外贸方面，印度尼西亚的主要进口产品是机械，价值218亿美元，占进口的15.4%；其次是电子机器，价值191亿美元，占了13.5%；另外还有矿物燃料，价值157亿美元，占进口总量的11.1%。印度尼西亚进口商品总额达1416亿美元，比起2019年的进口总额下跌了17%。印度尼西亚大部分的进口也是来自亚洲邻国，占74.2%；其次是欧洲，占10%。

印度尼西亚的主要出口货品包括石油和天然气，占出口总额的15.7%（天然气占了4%），动物和植物油占了12.7%，电气设备和机械占出口总额的9.7%。在2021年4月，非石油和天然气产品销售额上升了51.08%，达到175.2亿美元，而石油和天然气出口额则上升了69.6%，达到17.5亿美元，进口额增长了130%，至2021年4月的162.9亿美元。在2018年7月，印度尼西亚创下自1959年以来用于进口销售最高金额的新纪录，总共花费了182.97亿美元。

印度尼西亚的主要出口目的地包括中国、美国和日本。印尼在2020年出口了价值1633亿美元的产品，其中70.7%出口到亚洲，11.6%出口到北美，11.4%出口到欧洲。中国是印尼产品出口最多的国家，总值达307亿美元，占印尼出口总量的18.8%；其次是美国，总值为181亿美元，占比11.1%；日本则为约150亿美元，占比9.2%。

金融方面，自1997年金融危机以来，印度尼西亚一直实行浮动汇率制，定价方法上主要是参考一篮子货币定价。同时，印度尼西亚的外汇管理相对自由，跨境资本可自由流动。汇率制度随着国内经济转好和政局平稳，加上央行不断采取积极的调控政策，使印尼卢比走出2018年的贬值低迷，进而持续回稳走强。

印度尼西亚的外汇储备在2020年持续增加。印度尼西亚央行的数据显示，2020年底的外汇储备为1359亿美元，是2年来的最高水平。外汇储备的持续增加给投资者以信心，也推动印度尼西亚盾不断升值。印度尼西亚盾对美元汇率在2019年全年上涨3.9%。2020年初，印度尼西亚盾就已经上涨1.4%，是全球表现最好的新兴市场货币之一。

近年来，印度尼西亚经济增长稳定，过去5年平均维持5%以上的增幅。2019年10月，印度尼西亚总统佐科在就职典礼表示，希望印度尼西亚在2045年独立100周年时，成为全球第五大经济体，经济总量（GDP）达到7万亿美元，贫困率接近零，迈入全球发达国家行列。

印度尼西亚是个内向型经济体，消费和投资贡献了约90%的经济增长。与其他新兴经济体比较，印度尼西亚尚未完全与世界经济接轨，在全球贸易保护主义、贸易增长放缓的大背景下，印度尼西亚经济对抗击外来冲击有较强的韧性。受惠于强劲的经济增长前景和稳健的财政政策,加上总统大选后政局平稳,国际信用评级机构标准普尔2021年年中发布报告,将印度尼西亚的长期主权信用评级维持在BBB。

作为东南亚旅游的热门国家,印度尼西亚旅游业遭受到新冠肺炎疫情严重的冲击,印度尼西亚中央统计局调查显示,2020年9月,前往印度尼西亚的外国游客数量比2019年同期下降88.95%,1月至9月,印度尼西亚接待外国游客356万人次,比2019年同期的1210万人次下降了70.57%,印度尼西亚2019年接待外籍游客1610万人次,疫情发生前预期2020年可达1800万。疫情冲击间接导致印度尼西亚的房地产开发业停滞不前。

(二)印度尼西亚的房地产市场发展

疫情前,随着近年印度尼西亚经济的持续增长,印度尼西亚房地产的发展呈现上涨趋势。房地产公司销量增长背后的动力是日益增长的城市人口对刚需住房的需求。

供不应求的现象证明了房地产业存在很大的发展潜力。开发商之间的价格竞争也日益激烈,开发商正在竞相以经济实惠的价格提供性价比高的公寓或其他类似的刚需住宅项目。

从2018年开始,开发商推出新楼盘的项目开始增多,据印度尼西亚房地产公司REI统计显示,2021年第一季度印度尼西亚房地产项目的销售额持续上升,特别是面向中产阶级的非政府补贴物业项目。如果保持此发展态势,房地产行业的销售额将以10%左右的速度增长。这一情况的出现也得益于阻碍房地产发展的问题开始缓解,其中重要的因素之一是政府放宽了准入渠道,越容易获得政府的许可证,就越能促进房地产业务的增长。

房地产的投资价值引起了印度尼西亚本地投资者的兴趣。很多印度尼西亚本地人购买房产不再只是为了满足自己的住房需求,而是作为一种长期的投资,以合适房价购买优质住房。印度尼西亚本土开发商力宝集团斥资278万亿印尼盾,率先在Cikarang Bekasi地区建设了一个500公顷的独立社区Meikarta。除此之外,印度尼西亚国内开发商开始将投资重点转向酒店公寓类型物业。这类公寓被称为condotel,与普通公寓相比独具风格。

印度尼西亚共有房地产企业1358家,706家在爪哇岛,其中雅加达320家。这些房地产企业规模大小不一,规模大的有上亿美元资产,而小的则仅有几百万美元。Duta Pentiwi、Sioanmas Group、Sunten Aqung、Ponomorg Antha、Graha Urutra等十家最大的企业控制了80%可开发的土地资源。火热的房地产市场,引起了中国人的注意,陆续有中国的民营企业进入印度尼西亚的房地产市场。

由于印度尼西亚住宅需求的多样化，不同的房地产企业专注于不同的细分市场，如有的企业专门开发高档公寓，有的开发高档别墅，有的开发中低档住宅等，加之印度尼西亚市场需求很大，现在印度尼西亚房地产企业竞争并不十分激烈，相反还有一种相互协作的关系，不同的房地产公司可以进行区域的综合开发。

印度尼西亚房地产开发的两个关键因素资金和土地在金融危机后发生了很大变化。由于金融危机时，大量银行资金在房地产泡沫破裂后损失惨重，使得银行现在严格控制对开发商的贷款，目前房地产开发中开发商自筹资金和银行贷款的比例由金融危机前的30∶70变为70∶30，而开发商自筹资金主要来源于消费者的预付款和其他社会闲置资金。目前，印度尼西亚开发商正在开发的土地大部分来自开发商在金融危机前储备的空地。印度尼西亚房地产主要的交易方式为购房贷款。

印度尼西亚房地产市场的主要法律法规包括：

1. 市场准入

根据印度尼西亚《2000年关于禁止和开放投资目录的总统令》及其修正案，印度尼西亚允许外资进入房地产行业，可以独资或合资成立外商投资企业，外资比例不低于5%。外商投资企业享有自主经营权，有权任免投资企业的工作人员。对印度尼西亚国民不胜任的岗位，可以自备或聘用外国管理人员和技术人员，但需要缴纳一定的费用；享有项目用地建筑权、开发权和使用权；可以把所得税减免、外国管理人员和技术人员的薪金、固定资产折旧费和国有化补偿费按现行汇率兑换成投入时的原货币汇到境外；确因国家利益需要，当国家对企业实行国有化或限制其自主经营权时，外商直接投资企业有权要求予以补偿。

2. 房地产行业法律

关于房地产的全国性行业法律主要为1960年颁布的印度尼西亚《土地法》中1992年第4号法令和第24号法令、1996年第4号法令、1997年第21号法令、1999年第18号法令。其中1992年第4号法令是最基础的法令，它对房地产法的原则与目标、住宅、安置和法律责任等作了明确规定。自2001年印度尼西亚实施地方自治以来，印度尼西亚各地方拥有了自行制定相应房地产政策的权力，因此，印度尼西亚不同地区则有不同的具体规定。

3. 土地制度

印度尼西亚实行土地私有，外国人或外国公司在印度尼西亚都不能拥有土地，但外商直接投资企业可以拥有以下三种受限制的权利：建筑权，允许在土地上建筑并拥有该建筑物 30 年，并可再延期 20 年；使用权，允许为特定目的使用土地 25 年，可以再延期 20 年；开发权，允许为多种目的开发土地，如农业、渔业和畜牧业等，使用期 35 年，可再延长 25 年。

4. 税收

印度尼西亚对房地产企业征收的税收主要有企业所得税 10% 和房产税 0.5%。其中印度尼西亚房产税的税基是土地和建筑物的资本市场价值，主要税种有不动产税、印花税、价值附加税。根据印度尼西亚 1967 年《外资法（修正案）》的规定，作为外商直接投资企业还享有其他税收优惠；进口所需机器设备等固定资产时免征销售税，减免关税；有条件地减免企业所得税。

5. 规划与环保要求

印度尼西亚设有专门的规划部门对土地用途进行规划，在进行房地产开发前必须到相关部门了解规划情况并在项目实施前获取规划许可。如把已规划好的土地改变用途，须到规划部门申请变更土地用途的规划。土地用途与规划不符则不能开发。

（三）"一带一路"倡议对印度尼西亚发展的影响

印度尼西亚拥有 1.6 万多个岛屿，土地面积为 190.5 万平方公里，是世界上最大的群岛国家，拥有超过 2.6 亿人口。印度尼西亚与中国有着悠久的历史贸易关系，凭借其在印度洋和太平洋之间以及亚洲和澳洲这两个广阔的大陆的优越位置，中国和印度尼西亚在贸易、房地产、制造业、电子商务、基础设施发展等许多领域都有合作。

"一带一路"倡议将促进中国与印度尼西亚之间的交流与合作，推动印度尼西亚的基础建设发展。基建投资将会对当地发展格局产生影响，特别是对于偏远地区和岛屿。基建发展是印度尼西亚政府刺激国家经济增长的重要工具之一，需要中国与更多"一带一路"国家与印度尼西亚中央政府的深入合作。

"一带一路"倡议的重点是基建发展，透过"一带一路"倡议合作，印度尼西亚将吸收更多的外国资金来发展国家基础设施和加强地区发展。正如基础设施协调部及海洋事务协调部副部长利德万（Ridwan Djamaluddin）所说：中国的"一带一路"倡议能够为印度尼西亚提供巨大益处，透过 28 项合作与交流，总投资达 910 亿美元（超过 1288 万亿卢比）。其中，最具价值的项目是在北加里曼丹（Kaltara）的水电站项目。

中国与印度尼西亚将合作重点放在能源项目上，位于南苏门答腊的玻雅发电站项目是由中国华电集团和印度尼西亚国有煤炭公司合作开发、中方控股的坑口电站，由中国华电香港公司承建，计划建设 2 台 660 兆瓦超临界燃煤发电机组。项目于 2019 年 2 月

28日开工,预计2022年3月实现商业运营,建成后年发电量90亿千瓦时。项目对推动印度尼西亚经济发展、培养当地电力技术人才、改善印度尼西亚能源结构、促进就业、深化中印尼两国合作,将发挥积极作用。

2020年4月,中国国家主席与印度尼西亚总统互致贺电,庆祝中印尼建交70周年。指出中国和印度尼西亚友好交往源远流长。建交70年来,双边关系取得长足发展。近年来两国关系定位不断提升,合作领域不断拓展,共建"一带一路"成果丰硕,在国际和地区事务中密切配合,给两国人民带来福祉,为地区和全球的繁荣稳定作出重要贡献。

二、印度尼西亚评估咨询行业的发展概况

自荷兰殖民时期起,印度尼西亚已经存在评估咨询相关工作。自1967年,当地政府便开始邀请外来投资商发展本地市场,随着印度尼西亚银行重组局(IBRA)的成立,银行资产评估的业务需求开始普遍起来。但在这一时期,由于评估行业还没有成型,缺少专业评估资质的认定机制,导致评估师的服务范畴与会计师十分相似,相关工作通常由包括银行、投资及税务机构等金融机构完成。

印度尼西亚评估咨询行业的规模正在逐步扩大,从2015年117家评估机构及113家分支机构,发展到2019年127家评估机构及348家分支机构。这些机构的规模大小不一,他们负责提供不同的评估及咨询服务,包括房地产估价、商业评估、厂房及设备评估等。

在1981年10月20日,印度尼西亚评估师协会(MAPPI)正式成立。印度尼西亚评估师协会是唯一受政府认可的专业组织,拥有众多专业评估师。印度尼西亚评估师协会负责监督当地评估师的教育和培训,维护行业准则体系,并制定道德规范。鉴定专业证书、教育、培训和其他相关的活动,以培养和发展会员的能力。此外,印度尼西亚评估师协会与政府、社会及国际评估界积极建立友好的合作关系。评估师的执业证书由印度尼西亚财政部按照条文PMK No.125/PMK.01/2008进行审批,取得执业证书是评估师成为印度尼西亚评估师协会会员成员的首要条件。

印度尼西亚评估师协会有大约6000名成员,遍布印度尼西亚全国。其中会员包括:

1. 附属会员(MAPPI-A)

对评估行业有兴趣的个人,但尚未拥有足够的资格、能力和经验,及未符合条例规定的要求。

2. 协会会员（MAPPI-P）

正在从事评估行业，或在评估行业有一定的从业背景，或在与评估行业直接相关的行业有从业背景，并符合条例规定的所有要求。

3. 认可会员（MAPPI-T）

正在从事评估行业或直接相关的行业，拥有足够的资格、能力和经验，及符合条例规定的所有要求。

4. 认证会员（MAPPI-S）

正在从事评估行业或同样范畴工作的个人，并拥有财政部正式发出的执业证书，并得到印度尼西亚评估师协会的认证，符合相关条例的所有要求。

5. 荣誉会员

为评估专业发展作出重大贡献，并得到全国会议批准认可的人士可以成为荣誉会员。

近年来，印度尼西亚评估师协会和印度尼西亚政府都意识到评估行业需要有国家层面的法例来进行监管。因此，印度尼西亚评估行业相关法律法规正在积极研讨之中，希望通过一系列法律法规的出台，进一步维护与保障评估师的专业水准。

2018 年，印度尼西亚评估师协会发布了《印度尼西亚评估准则》（"Standar Penilaian Indonesia 2018"或"SPI 2018"）和《评估道德规范》（"Kode Etik Penilai Indonesia"或"KEPI"）。

所有从事评估业务的评估师必须遵守相应准则。这两个准则互相配合，以维护印度尼西亚评估行业的专业水平。准则对于所有评估师、机构、和其他评估行业组织的健康发展均起到重要的管理作用。

三、印度尼西亚评估咨询行业的业务应用

印度尼西亚评估行业的主要业务可分为以下四个类型：

（一）简易资产评估（Simple Property Valuation）

具体包括：5000 平方米以下的空置土地；

单个住宅房屋、公寓、商铺等；

住宅房屋、公寓、商铺等安装的机械设备；

独立的机器设备；

独立的运输车辆。

(二) 通用资产评估 (General Property Valuation)

具体包括：土地、土地上的建筑及相关的设施，以及在该地上的其他开发项目；

各类机器设备；

运输设备，重型设备，通信设备，医疗器材，实验室仪器及工具，办公室设备及家具，军事器材；

农业、畜牧业、渔业、林业相关的资产；

矿业相关的资产。

(三) 商业评估 (Business Valuation)

具体包括：企业与个体的资产；

证券及金融衍生工具；

企业权利及义务；

无形资产；

经营损失；

公平交易意见书；

各类金融产品。

(四) 个人财产评估 (Personal Property Valuation)

具体包括：厂房；

机械设备；

运输设备，重型设备，通信设备，医疗器材，实验室仪器及工具，办公室设备及家具，军事器材。

(五) 其他咨询服务

除了上述资产评估服务，还包括一系列的咨询服务：

房地产发展咨询顾问；

资产信息系统规划；

物业管理与代理服务；

商业可行性研究；

项目融资审查；

研究评定剩余经济寿命；

资产优化研究；

企业财务咨询；

项目融资监督。

第二节　新加坡

一、新加坡的经济及房地产市场分析

（一）新加坡的宏观经济发展

新加坡是世界上商业市场最开放、最清廉的地区之一。商业税率非常低（占国内生产总值的14.2%），就购买力而言，新加坡在全球人均排名中位居第三。国际货币基金组织2019年的数据显示，新加坡国内生产总值在世界186个经济体中排名第36位，人均国内生产总值排名世界第7位。尽管受新冠肺炎疫情冲击影响，2020年新加坡国内生产总值同比下降5.4%，但人均国内生产总值仍高居世界第8位。

新加坡的经济相当多元化，包括电子组件制造和机械等非石油出口类产业、金融服务、旅游等，同时也是重要的航空枢纽和世界上最繁忙的货运海港。新加坡的制造业占其年度国内生产总值约21.5%，主要产业集群在电子、生物医学和制药、化工、石油和天然气、精密工程、物流、海运和运输工程领域。新加坡其他繁荣的行业是批发零售贸易、商业服务和金融服务，分别占新加坡2020年国内生产总值的18.2%、16.7%及15.7%。

作为该区域的主要金融中心和贸易枢纽，新加坡是许多全球金融服务公司的首选之地。在新加坡可预测的政治稳定性中，备受欢迎的商业环境也吸引众多投资者的青睐。

在亚太地区，新加坡被公认为是主要的金融中心之一，也是世界上最发达的经济体之一。在新加坡证券交易所（SGX）上市的所有公司中，近50%涉及制造业、食品饮料业和房地产相关业务，如房地产开发、房地产代理营销、房地产投资信托基金、房地产投资和建造业。在2008—2009年的全球金融危机消退后，全球贸易已经复苏，劳动力市场有所改善。新加坡不仅能够维持制造业的增长，还能扩大经济面至零售和服务业。

2019年，新加坡的商品和服务出口总额在2年的总出口持续正增长后有所下降，之后增长率开始波动。根据最新数据，2020年5月新加坡的出口总额同比下降23.9%，而2020年4月的出口同比下降12.7%。2020年10月出口跌幅8.6%，是新加坡两年来的最大跌幅。新加坡2019年出口总额的下滑可归因于中美贸易战的出现，这是因为包括新加坡贸易伙伴在内的许多进口商可能已经停止了贸易活动，并等待贸易战中有更加明确信息才继续贸易活动，以免遭受巨大损失。

过去40年来，私人消费支出保持增长。自2006年以来，私人消费支出增长了91%，接近1倍。然而，私人消费支出的增长率呈下降趋势，从2007年的10.81%下降到2020年的7.39%。最近的消费支出放缓是由于股票价格下跌导致国内利益上升。利率和负财富效应所导致的结果就是，人民的购买力降低了。

新加坡贸易国际化程度很高，是世界第14大出口经济体和第16大进口经济体。在最新报告中，2020年4月新加坡出口额达到270亿美元，进口总额达到252亿美元。新加坡与周边国家交易频繁，最大的贸易伙伴包括中国（含中国香港）、马来西亚、印度尼西亚、日本和美国。

新加坡的货币反映了该国是世界上最稳定的经济体之一，政府收入高，年度盈余稳定，没有外债。尽管国内市场较小且缺乏自然资源，但该国能经得起如1997年的亚洲金融危机和2008年的全球金融风暴的考验。

新加坡积极参与国际贸易关系，这一点也促进了新加坡的商业贸易的持续发展。作为亚太经合组织和东盟的创始成员、世界贸易组织成员和印度洋环境协会成员，新加坡已经建立了一个庞大的贸易网络。由于致力于国际贸易，新加坡成为2018年世界第二大港口。2020年度新加坡港口的集装箱量年增长1.7%，港口处理了8660万标准箱（20英尺当量单位）。

根据联合国贸易和发展会议2021年世界投资报告，就外国直接投资流入而言，新加坡2020年的外国直接投资流入达到910亿美元，位列世界第四和亚洲第三，仅次于亚洲第一的中国内地（1490亿美元）和第二的中国香港（1190亿美元）。至于外国直接投资流出，新加坡在全球排名第十，在亚洲排名第五，达320亿美元。

根据新加坡统计局的数据，新加坡很大一部分外国直接投资与服务业有关，包括金融和保险服务、体育和零售业、专业、科学和技术、行政和支持服务等。根据毕马威（KPMG）2018/2019预算报告，新加坡是跨国公司设立地区总部的亚洲首选地。大约46%跨国公司的地区总部位于新加坡，而只有37%位于中国香港。

新加坡强劲的经济每年都会吸引大量的全球人才和专业人士，2021年在传统基金会经济自由指数中评为世界第二大开放经济体,最近更被认为是世界上第二大支持商业的国家和最具竞争力的经济体。

(二)新加坡的房地产市场发展

由工业化初期开始,新加坡房地产业就是经济体的一个重要部分,房地产业的发展也是该地区和全球商业社会的发展趋势。

在新加坡经济扩张的过去20年,随着常住人口的增加,包括通过自然分娩和移民,来自马来西亚、印度尼西亚、泰国、菲律宾、中国、印度和邻近的柬埔寨、越南和其他国家的移民工人,住宅房地产市场出现了更多的需求。新加坡目前人口约为569万,其中包括大约352万公民、52万永久居民及164万移民工人,包括了熟练和半熟练以及外籍家政工人。

新加坡

建屋发展局(HDB)在公建房屋计划的实施中建造了相当面积的住宅物业并满足了人口的房屋需求,这包括了许多住宅区(略多于100万套)、私人公寓(约有30万套房屋)和约75000个有地房产,从露台房屋、半独立式房屋、平房到高级平房(GCBs),土地面积至少为1400平方米。

自2010年10月起,房地产代理商受"房地产代理法"监管,而地产代理委员会(CEA)则是管理相关法律规定的政府控制机构。迄今为止,在房地产代理业务中拥有约28000

名获CEA发牌的房地产经纪人。至于从事房地产咨询和估价的专业人士，他们根据新加坡国内税务局（IRAS）财产税部门管理的评估师法案获得发牌认可。至今，大约有1000个房产评估师。

自2009年全球金融危机（GFC）结束以来，新加坡住宅物业市场得到了本地和外国买家和实体的大力支持。在完成2个世界级综合度假村开发项目后，这个上升趋势吸引了外国投资商的关注，滨海湾沙滩的国际会议中心和滨海湾赌场以及云顶国际的圣淘沙名胜世界，其中也包括位于圣淘沙岛的环球影城。

随着抵达新加坡的人数增加，预计很多人会发现新加坡是他们商务和休闲活动的理想基地。由于私人公寓和出租公寓的所有权没有规限，使购买居住房的外国人人数增加，因此酒店和服务公寓以及私人住宅物业等各类市场需求也会越来越大。

根据该国的经济增长，新加坡目前的569万人口将在未来10年或20年内增加到690万左右。现在公民人口约为352万，其中有来自世界各地的52万永久居民，其余164万居民是各种类型的工作人员，涵盖从行政级到工人级各类领域。

随着人口预计增加到690万，住宅房地产市场很有可能成为该国主要的经济活动之一。当越来越多的人口和企业进入市场开始交流时，这个市场的潜力也会影响外国参与广泛经济的人数增加。

1. 新加坡住宅物业市场的价格上涨

住宅房地产市场也受到新加坡普遍较低的抵押贷款利率的刺激，新加坡作为金融中心，作为亚太地区资金的避风港具有吸引力。因此，新加坡元与美元、欧元、日元、英镑斯特林和澳元等主要货币保持平衡。

在2009年全球金融危机后，住宅物业价格每年上涨超过10%，超过3年，新加坡政府认为需要从2013年8月起实施"降温"措施，以减缓市场步伐。

2. 近期新加坡房地产市场发展和对国内生产总值贡献

2020年，经济学家估计，包括房地产和建筑在内的房地产相关细分市场约占新加坡国内生产总值的10%，约为339亿美元。

住宅房地产市场因当局降温措施，包括利率提高和印花税增加，而显著放缓。住宅物业价格在2020年上涨2.2%，这是自2011年以来住宅物业价格的最大涨幅。就不同地区而言，核心中部地区、中部其他地区及外地的住宅物业价格中部地区分别上涨3.2%、4.4%和1.8%。截至2020年私人或公共房屋混合开发商的新房（不包括执行共管公寓）销售上升0.7%至9982个，而推出的新单位上升1.1%至10024个。

尽管近期房价上涨，新加坡住宅物业的承受能力在过去几年有所改善。根据仲量联行和彭博社的数据，2010年以来新加坡的房屋与收入比率从7.3下降至4.8，而中国香港的房屋与收入比率则从11.4飙升至18.1，而悉尼的房屋与收入比率则从9.6上升至12.2。新加坡住宅单位的最低价格为80000新元（58400美元），这是一个面积为600平方英尺的单位。至于房屋自有率，在2020年，新加坡90%以上的居民拥有房屋。

填海一直是新加坡政府采取的增加土地供应的策略。20世纪80年代，新加坡面积约为500平方公里。经过多年的填海工程，新加坡占地面积已经增加了40%，达到700平方公里。如今，新加坡有稳定和充足的房屋供应。截至2021年第一季度，未售出私人住宅单位（不包括行政公寓）的数量为21602套，估计2021年第一季度将推出3716套新的私人住宅单位，并可出售3493套。在新加坡，有80%的公民居住在住宅和发展委员会提供的房屋。2020年，住宅和发展委员会提供约1000000个公共房屋单元，为所有居民提供较廉价的房屋。

3. 新加坡政府采取的冷却措施，以促进价格上涨

然而，尽管采取了初步降温措施，住宅物业市场的价格仍然有增无减。市场仍然非常活跃，因当时10年以上楼龄的私人屋苑的整体销售推动了销售势头，从2017年7月开始出现价格狂潮。

为了确保价格稳定，新加坡政府于2018年7月6日采取了最新的降温措施，以遏制过去两年积累的狂热势头。这些措施包括对已经拥有第一套房产的新加坡买家征收10%的印花税（额外买家印花税或ABSD），以及后续购买的15%印花税。对于外国买家和公司实体，则适用于20%的印花税。卖方的印花税，从第一次购买之日起，3年内分别加收12%、8%和4%，以阻止投机性房地产活动。

截至2019年7月，住宅物业仍然有非常可观的首次购房者群体，这些购房者仍然会被新房产的推出所吸引。这些新的本地买家不受额外购买者印花税（ABSD）的投机威慑影响，他们只需在购买时支付约4%的一般印花税。ABSD最初打算阻止已拥有房产的买家与首次进入市场的本地买家竞争，在一定程度上他们达到了预期目标。

4. 新加坡房地产市场的三种印花税

在新加坡，有三种类型的印花税，即买家印花税、附加买家印花税和卖家印花税。2017年3月11日之后，印花税税率高达15%（额外买家印花税）。

（1）买家印花税

买家印花税是在购买或收购位于新加坡的物业时收取的。这是一项由物业买家支付的税款。买家印花税是根据物业的市场价值或实际购买价格（以较高者为准）支付的。买家印花税是累进税，在2018年2月20日之前，房价的第一个180000新加坡元的费

率为1%，第二个180000新加坡元为2%，接下来的部分征收3%。在2018年2月20日之后，住宅物业和非住宅物业之间的买家印花税有差别，而买家印花税的新税率高达4%。住宅物业的价格调整为第一个180000新元征收是1%，第二个180000新元征收2%，第三部分640000新元征收3%，剩余金额征收4%。对于非住宅物业，首个180000新元的税率为1%，期后180000新元为2%，剩余金额为3%，与调整前的费率相同。

（2）额外买家印花税

额外买家印花税是根据市场交易的代价或市场价值（以较高者为准）收购住宅物业时所支付的。额外的买家印花税针对买方的不同概况以及买方先前购买的住宅物业的数量具有差异化的费率。在2018年7月5日调整利率之前，额外买家印花税率最高为15%。新加坡公民、新加坡永久居民、外国人和非个人的首次购房的印花税率分别为0%、5%和15%。新加坡公民、新加坡永久居民及外国人和非个人的第二次购买房产印花税率分别为7%、10%和15%。新加坡公民、新加坡永久居民、外国人和非个人购买第三次及以后的房产印花税率分别为10%、10%和15%。

在2018年房价高涨后，政府实施了降温措施，例如将现有买方资料的额外买家印花税税率提高5%，并增加了印花税率较高的新型买方类型。新增加的买家印花税率于2018年7月6日生效，税率高达25%。新加坡公民、新加坡永久居民、外国人、实体和开发商的首次购房的印花税率分别为0%、5%、20%、25%和25%的汇款以及不可汇出的5%。新加坡公民、新加坡永久居民、外国人、实体和开发商的第二次购房印花税率分别为12%、15%、20%、25%和25%的汇款以及不可汇出的5%。新加坡公民、新加坡永久居民、外国人、实体和开发商购买的第三次及随后的房产的印花税率分别为15%、15%、20%、25%和25%的汇款以及不可汇出的5%。

这项降温措施增加了住宅物业投资者的成本，并成功地将新加坡的房价从2018年第四季度的149.7降至2019年第二季度的148.6。

（3）卖家印花税

卖家印花税是在2010年2月20日或之后购买的住宅物业，于收购后的一定时期内出售时所需要缴纳的印花税。购买或收购日期是指购买选择权或买卖协议日期或租赁协议日期或转让日期的接受日期。在2011年1月14日至2017年3月10日期间收购物业并在1年内出售，印花税率为16%；于1~2年间出售，印花税率为12%；于2~3年间出售，印花税率为8%；于3~4年间出售，印花税率为4%；超过4年后出售不需支付印花税。

最新的卖家印花税率于2017年3月11日生效，其中税率宽减和转售期放宽。在1

年内出售，印花税率为12%；于1~2年间出售，印花税率为8%；于2~3年间出售，印花税率为4%；超过3年出售则不需支付印花税。

除上述类型的印花税外，新加坡不对销售和购买物业征收任何形式的资本利得税。

（三）"一带一路"倡议对新加坡发展的影响

作为亚太地区的金融中心，新加坡能够通过中国广西壮族自治区和云南省的南部走廊向马来西亚北部、泰国、越南、柬埔寨、缅甸以及中亚、东欧和中东地区提供服务。

新加坡可以在提供筹资、债券发行、管理资产、航运和离岸服务、保险和其他金融工具平台方面发挥重要作用。

新加坡作为东盟的创始成员，已经与东南亚的主要经济体建立了良好的联系，例如东亚地区的中国、韩国、日本和南亚地区的印度、巴基斯坦、斯里兰卡、孟加拉国等。

作为该区域的国际大都市，新加坡在吸引全球资金和来自发达国家及发展中国家直接投资方面发挥着巨大作用。在文化方面，该国人民熟悉东南亚网络、东方商业模式和文化，同时也乐于与来自欧洲、澳大利亚和美国的西方商业伙伴打交道。

自1994年以来，新加坡与中国合作并建设和发展新加坡苏州工业园区。紧随着于10年后建设的天津生态商务园，最近新加坡与重庆市当局合作开展了重庆发展计划。

除了房地产和基础设施领域中的金融和专业服务外，新加坡还可以通过在新加坡建立基地以进入东盟网络，为希望进入马来西亚、印度尼西亚和该地区市场的中国和印度企业增值。

随着亚洲基础设施投资银行（AIIB）和其他针对"一带一路"国家的资金的启动，新加坡将能够提供参与并购、项目风险分析和管理、项目和基础设施融资、房地产开发和相关的房地产服务等相关领域的各种机会。

通过促进区域间航空旅行以及陆地和海上模式的货运物流，与从中国到东南亚国家地区的人民交流增加也会使新加坡受益。

新加坡正在完善海港物流处理能力，并在岛屿的西端建造新的大士港。在2025年完工后，这个港口将取代丹戎巴葛目前的吉宝港。

航空物流和乘客送达方面，目前4个航站楼的樟宜国际机场将在2028年扩建至5个航站楼，此外还有第三条4000米长的跑道，以满足不同类型、不同规模的飞机。届时，新加坡的樟宜国际机场将能够轻松接待7500万乘客/年。

目前供私人飞机专门使用的实里达机场，现在已经扩展到能够接收从某地区抵达的定期航班，它们来自小城市如马来西亚的怡保和关丹。期望在未来，这个机场将能面向更多来自邻国的二级城市,从而改善该地区的连通性。

为了服务于该地区的小型飞机和航空公司,实里达机场在其综合体内拥有一个工业区,主要是为了服务过去10年左右的美国和欧洲的跨国航空公司,为那里运营的航空航天公司提供航班服务,包括全面维护、修理和大修(MRO)以及为空客和其他客户制造航空部件、aviatronic系统和零件。

总而言之,当"一带一路"倡议完全实施和运行的时候,新加坡将在"一带一路"倡议的经济网络中发挥作用。新加坡公司对经济活动的贡献可能来自以下行业:

航空,包括MRO和制造业、飞机租赁和航空物流;

全球航空公司的航空枢纽;

港口管理、集装箱运输和海运枢纽;

电子和精密工程制造;

制药和生物科学制造;

金融服务及相关债券、基金和财富管理;

基础设施项目的房地产服务和专业服务。

二、新加坡评估咨询行业的发展概况

1819年,英国东印度公司雇员斯坦福·莱佛士在马六甲海峡进行贸易任务的过程中,意外发现了一个深水港,可以用来停泊贸易商船以便利周边国家和地区的贸易和商业,新加坡由此诞生。1867年,新加坡受英国统治成为海峡殖民地,蒸汽船的发展以及苏伊士运河的开通,使新加坡成为连接欧亚之间的重要停泊港口。多年以来,人口呈指数式的增长,新加坡市场经济逐渐形成规模,英国殖民政府将房地产法律引入新加坡,并设立土地管理局和物业税部门,负责处理皇家物业的转让、销售和征税。

新加坡于1959年6月实现自治,此后于1965年8月成为独立的主权国家。原先殖民政府设立的土地管理局和物业税部门依旧负责土地行政和转让事宜,而财产税、估价和拍卖则由财政部的物业税部门管理。随后,通过独立政府法定委员会组织,对这些部门进行重组,新设立新加坡土地管理局(SLA)和新加坡税务局(IRAS)。

新加坡税务局下设地产代理委员会,对新加坡的房地产估价师和房地产经纪人进行监管,目前,新加坡大约有1000名持牌房地产估价师和约有29500名持牌房地产经纪人。

截至2021年7月,在新加坡测量师和评估师协会(SISV)注册的公司有94家,提供物业估价和产业测量咨询服务。除了仲量联行、莱坊、高力国际、世邦魏理仕、第一太平戴维斯和戴德梁行等大型房地产咨询公司外，大多数公司都是由不少于3名合格的专业评估师掌控的中小型公司，其中约有60家公司在HDB被选入评估师库内，服务建屋发展局转售市场，并根据信息化的轮换排程系统给予指示。

在新加坡拥有持牌评估师的估值公司一般专注于房地产和机械设备等硬资产的估值服务。不过，最近新加坡测量师和评估师协会已开始为成员公司开设课程，以扩大其服务组合进军商业估值。

对于商业估值，主要会计师事务所主导该行业包括有安永、毕马威、普华永道和德勤等，并与其他公司如立信德豪会计师事务所（BDO）、罗申美会计师事务所（RSM）、Duff & Phelps（前身为美国评值公司）等，以及一些小型会计公司参与竞争。

在新加坡，尚未为商业评估制定组织结构，因为商业评估服务提供商不需要获得许可证、证书或专业资格。因此，有很多公司提供类似的商业评估服务，例如投资银行、管理咨询公司、会计公司等。

市场上目前没有组织机构或制度化的发牌或专业要求，以便公司提供房地产评估和代理工作以外的资产评估。因此，商业估值，动产、仪器、艺术品、葡萄酒、收藏品和其他无形资产（如商标、特许权、特许经营权、权利、商誉和品牌）的评估领域是对其他服务提供商开放的，如投资咨询、基金经理、商业顾问、管理顾问和一般的会计师事务所。估值领域没有对应的认证机构，也没有专门的管控条例。

三、新加坡评估咨询行业的业务应用

从广义上讲，新加坡的评估咨询行业目前包括以下类别的服务供应商：

（1）房地产咨询公司，包括大型企业如仲量联行、莱坊、高力国际、世邦魏理仕、第一太平戴维斯和戴德梁行，以及中小型企业。其中许多是建屋发展局（HDB）入围评估团的评估师，主要为组屋转售单位的买家和卖家提供估值服务。许多大型房地产代理商也有估价部门来支持他们的代理工作。

（2）安永、毕马威、普华永道和德勤等主要会计师事务所也有自己的估值部门，专门从事商业实体估值，例如并购、股票交易、股权注入等，作为其向客户提供企业服务的一部分。

（3）专门从事工业厂房、机械和仪器评估的中小型评估机构，主要满足工业家的需求。由于这个细分市场相对较小，他们大多数也为在该地区经营的公司承担机械设备估值服务。

大多数主要的房地产咨询公司提供全面的房地产相关服务，他们聘用具有专业资质的测量师和评估师，这些基本资质包括房地产理学士、房地产管理学士、皇家测量师、新西兰评估师、商业理学士等，在获得执业牌照从事专业工作之前，评估师必须得到 IRAS 发牌管理局的认可。

全方位的产业相关服务通常包括以下内容：

物业代理，即销售、租赁、项目营销、拍卖等；

物业估值包括整体销售估值，按市价计算等；

物业税咨询；

开发咨询和可行性研究；

项目管理；

物业和设施管理；

工厂和机器评估。

由于新加坡现在是一个充满活力的金融中心和开放的经济体，可以预期在未来几年随着来自英国、美国、澳大利亚、印度和亚洲其他国家的知名评估公司引入经验丰富的评估专业人士，新加坡的评估及咨询行业将会得到进一步的发展。

第三节 日本

一、日本的经济及房地产市场分析

（一）日本的宏观经济发展

日本作为世界第三大自由经济体，是世界先进国家之一，也是七大工业国组织成员，其经济在"二战"后巨幅增长。日本土地面积接近 37.7 万平方公里，如果包含专属经济发展区在内，可达 465 万平方公里。当今日本的科研能力、工业基础和制造业技术均位居世界前茅，并是世界第 4 大出口国和进口国。

作为一个发达经济体，日本的国内生产总值（GDP）增长非常缓慢。至于名义 GDP，这 20 年几乎是持平或减去增长，但国民依旧保有较高的生活水平，2019 年，日本的人均国内生产总值依国际汇率可兑换成为约 40200 美元，人均国民收入则在 41710 美元左右，2020 年受新冠肺炎疫情影响，日本人均国内生产总值跌至 39900 美元，但

日本东京

人均预期寿命、医疗、教育、卫生、交通、科技、服务业等领域依旧处在领先水平，人类发展指数亦在最高群组行列，属于世界高度发达经济体。

日本的主要行业集中在工业和服务业领域，2019年GDP的构成中，第三产业（服务业）占GDP的75%左右，第二产业（采矿业，制造业，电力、热力、燃气及水生产和供应业，建筑业）占24%左右，第一产业（农、林、牧、渔业）占1%左右。

在第二产业中，汽车业相当强大，是日本的主导产业。电器业落后于某些竞争者，如韩国、中国台湾和中国大陆，但在某些领域仍然能展现一定实力。

至于第三产业，媒体（娱乐）产业的动画影像可以出口到国外。最近外国人收看日本的节目越来越多。这是因为，中国、韩国和东南亚国家正在迅速发展，许多来自这些国家的游客正在爆炸性地访问日本。个人消费占GDP的60%左右，其中近一半的消费用于互联网、手机、个人电脑等服务。

日本的经济是高度发达的利伯维尔场经济。日本在按名义国内生产总值计算世界排名第三，而按购买力平价（PPP）计算世界排名第四，并且是世界第二大发达经济体。日本为七大工业国之一，根据世界银行的数据，该国的人均国内生产总值（PPP）约为43593美元（2019年）。由于汇率波动，以美元折算日本的GDP急剧波动。透过使用图表集法计算这些波动，日本的人均GDP约为38490美元。日本经济预测由日本银行进行的全国企业短期经济观测调的商业景气季度调查。日经平均指数（日经225）提供了日本交易所集团主要蓝筹股票的月度报告，日本交易所集团按市值是全球第三大证券交易所。2018年，日本是世界第四大进口国和第四大出口国。2019年，日本拥有全球第二大外汇储备，价值约1.3万亿美元。在"营商便利度指数"中全球排名第39位、在"全球竞争力报告"中排名第6位，反映日本的重要地位及还是世界第三大消费市场。

日本是世界第三大汽车制造业大国，拥有最大的电子产品产业，并且经常被评为世界上最具创新力的国家之一，领导着多项全球专利申请。面对来自中国和韩国的日益激烈的竞争，现时日本制造的产品主要专注于高科技和精密产品，例如光学仪器、混合动力汽车和机器人等技术。除了关东地区之外，关西地区还是日本经济的主要产业集群和制造中心之一。尽管随着时间的推移，各城市的人口和产业发生了巨大变化，日本城市的规模和产业结构仍保持着严格的规律性。此外，日本是世界上最大的债权国，通常每年都有贸易盈余，并且有相当大的国际净投资盈余。截至2019年，日本拥有全球私人金融资产的8.7%（世界排名第三大），估计价值为15万亿欧元。截至2019年，《财富》世界500强公司中有52间日本企业，较2013年的62间有所下降。

日本是所有发达国家中公共债务与GDP比率最高的国家，2020年其国家债务占GDP的256%，而该债务主要由日本国民拥有。日本经济面临巨大挑战是由人口下降所造成的，日本人口由2010年达到1.28亿的峰值，已降至2018年的1.265亿。预测表明到21世纪中期，日本人口将继续下降到可能低于1亿的水平。

在对外贸易方面，自2010年中期以来，日本对贸易的依赖程度一直在增加。与2000年初的20%相比，出口及进口量与GDP的比率几乎翻了一倍，达到40%。而这是因为中国和东南亚国家的快速发展。近年来，由于私营部门巨量的外来直接投资，投资收益约为20亿日元盈余。这使得无论是否存在贸易平衡，这些投资收入令日本支出结余保持在盈余状态。日本现在已成为所谓的成熟债权国。

1. 从国外直接投资日本

2020年底的余额为10948亿日元（约合106亿美元）；

美国74%，新加坡28%，法国15%（受新冠肺炎疫情影响，2020全球外商直接投资下降，部分甚至下跌为负额。是故拥有最多投资额之国家的直接投资，相加为12740亿日元，大于国外直接投资余额）；

投资涉及LCC（虚拟货币）、无现金支付、电子商务、共享经济以及此类IT或AI相关行业。

2. 从日本直接投资到国外

2020年底的余额为123541亿日元（约合1193亿美元）；

日本工厂一直不断地在向劳工成本低的国家转移，或者向国内市场大的国家转移。

然而，由于发展中国家或高效生产技能发展（机器人，人工智能等）的人员成本上涨，一些工厂正在迁回日本。另外，优衣库、便利店、餐馆等消费相关的行业已经在亚洲建立了连锁店。

（二）日本的房地产市场发展

1. 办公楼市场

2020年，受新冠肺炎疫情影响，商业用地土地价格平均下降0.8%。

大都会区、东京、大阪、名古屋、福冈的办公楼需求一般来说都十分严峻。受疫情影响，在东京的办公楼空置率于1月至12月由1.53%上升至4.49%；在大阪的空置率亦比2019年上升了0.73%，为3.29%。最近一个季度东京租金下降0.3%，大阪持平。福冈和名古屋中拥有相同的活跃市场。相反农村的房地产，价格下跌很多。这是因为农村人口下降，实际上办公楼市场不再存在于农村区域。

日本的三个主要城市（东京，名古屋和大阪）将由线性中央新干线相互连接，形成世界上最大的超大区域，合共6760万居民，这个城市群是联系国内或国外的人与资源的往来与相遇，将带动创新的新生活。来自世界各地更多的人、货物、金钱和信息进入该地区，进一步推动日本经济的引擎。通过使人和货物的国际顺畅流通（便利门户功能），增强日本在全球竞争力，并创造使外国居民能够自由生活的环境。

安倍经济学有效提高了土地价格，使全国土地价格稳定。在东京、名古屋及大阪地区，于2020年5年间价格每年上涨1%~5%。在农村地区，四大城市（札幌、仙台、广岛、福冈等地）的土地价格稳定上涨，而在其他农村地区，地价则下降或几乎持平。

2. 住宅市场

2020年，受新冠肺炎疫情影响，住宅用地土地价格平均下降0.4%。

在大都会区、东京、大阪、名古屋地区，于2020年5年中，土地价格每年上涨1%或更少，这些城市黄金地段的土地价格上涨了很多。

农村地区，四大名城的札幌、仙台、广岛、福冈，于2020年这5年中，土地价格每年上涨2%以上。

其他农村地区：这5年来居民区土地价格每年下降1%或更少。在农村地区，这些农村地区的人们正在向中心城市迁移。紧凑型城市模式是通过人的集中实现的。

在日本，大都会中部地区的房地产市场强劲，但在其他地区，即使是东京郊区的住宅，市场也相当疲软。即使是在大都会地区，预期2020年东京奥运会（因疫情改为2021年进行）之后，也将有一定的影响。

3. 酒店市场

外国游客逐年增加：从 2015 年的 2000 万游客，逐年增加到 2019 年的 3200 万游客。外国游客的迅速增加增加了很多新酒店。由于外国游客的需求，乡村历史名城的酒店设施也有所增加。但是，由于新冠肺炎疫情的突然爆发，经济活动减慢了很多，特别是外国游客将减少很多，于 2020 年只有 410 万游客，这肯定会严重影响整个国家的酒店价格。

新冠肺炎疫情会严重影响日本的整个经济。2021 年 7 月延期一年举行的东京奥运会。东京奥运会预计将有 3300 万外国游客，如果无法举行，日本经济会有重大损失。

（三）房地产的相关法规

（1）外国人可以自由购买日本房产。他们可以拥有土地和建筑物的永久产权。

（2）税费规定：

消费税 10%。

土地：房地产登记税 2%（销售和赠予），市政府办公室所列价格的 0.4%（继承）（一般不到市场价格的一半）。

建筑：新建 0.5%，二手（销售和赠予）2%，继承 0.5%。

购置税 4%；住宅用地和建筑物 3%（截至 2021 年 3 月底），对新建或二手住宅，将会减少一些。税收计算的价格在市政府办公室列出（一般不到市场价格的一半）。

销售物业所得税：（销售价格－收购和销售成本）×15%（如果持有 5 年以上）或 30%（持有不到 5 年）。

（3）房产交易费用：

销售价格 ×3% + 60000 日元 + 消费税 10%

原则上，这笔费用将由卖方和买方收取，每笔费用为 3%。

然而在现实中，实际上这笔费用会根据销售价格和其他原因（完成等）而减少。如果是出租，一个月的租金将是出租人需支付的费用。

（四）"一带一路"倡议对日本发展的影响

日本派代表团参加了 2017 年 5 月在北京举行的"一带一路"论坛，日本政府和经济领导人多次在"一带一路"的基础设施项目中表现出兴趣。日本首相安倍晋三于 2018 年 10 月会见了中国国家主席，并与中国签署了合作协议，以促进"一带一路"项目举行。但是，为了使日本集团与"一带一路"的项目合作，主体国家的财务状况的合理性和推进项目的程序的透明度非常重要。日本过去协助发展中国家的经验将有助于实现"一带一路"倡议。亚洲开发银行（亚行），亚洲基础设施投资银行（AIIB）是"一带一路"的重要合作伙伴。

日本的人口和商业主要集中在东京和其他大都市，如大阪、名古屋、福冈。因此，在大多数物业，例如办公室、住宅、物流、酒店等，这些地区的房地产市场将暂时保持稳健。

由于外国游客在日本增加很多，其中一些将访问农村地区的传统日本城镇，因此该地区的一些物业将会改造成精品酒店或服务公寓，使它可能会振兴农村地区。据说有800万个空置房，如何应对这个问题是日本的一项重大任务。

二、日本评估咨询行业的起源

日本将不动产估价称为不动产鉴定评价，简称不动产鉴定。1939年以前，不动产鉴定评价业务主要由银行进行代理，除了满足一小部分私人买卖房地产的需要外，主要是为政府机构提供征地补偿的计算；1945年第二次世界大战结束后，大量房屋和基础设施化为废墟，日本全面开展战后重建，不动产鉴定评价工作给银行部门带来额外的巨大压力，随后，不动产鉴定评价业务逐渐从银行业务中剥离出来，许多地区开始陆续形成独立的不动产鉴定协会、不动产研究所等机构，专门从事不动产鉴定评价及相关业务。

1949年初，美国占领军为稳定日本经济、平衡财政预算、抑制通货膨胀，制定并实施了"道奇计划"。20世纪60年代后，日本经济进一步被纳入国际体系后，被迫对外开放商品和资本市场大门，这导致土地价格急剧上涨。

1961年3月，随着不动产鉴定评价业务需求和行业规模的迅速扩张，具有广泛约束效力的行业法规在此时显得尤为重要，日本公共用地调查会向建设部官员提出建立不动产鉴定评价制度的需求。1962年，"宅地制度审议会"成立。次年7月，政府通过《不动产鉴定评价法》，其中对不动产鉴定士（士补）资格、不动产鉴定业者的开业登记等进行了详细规定、并规定了监督程序和罚则等。1964年以后，陆续形成了一个以《国土利用规划法》及其施令和实施细则、《地价公示法》等为主要内容的法律体系，使不动产评价制度不断趋于完善。

1970年，政府发布《标准地价表》，详细地标示出日本各地包括每个城市、城镇、乡村的标准土地的评估价格，使大众能够直观地参考标准价格来进行土地交易。这项测量只能由获得认证的不动产鉴定士（CREA）来进行，所涉及的评估场地数量超过 2 万宗，价格每年重新调校 2 次并公开发布。所有鉴定评估行业从业者在评估土地时必须以此价格作为鉴定依据。

三、日本评估咨询行业的现状

房地产估价与咨询服务主要由大型咨询公司和不动产鉴定士独立机构的认证不动产鉴定士提供，并根据客户不同的业务需求，为客户提供评估报告。

最常见的不动产鉴定业务就是企业之间、私人之间的不动产买卖，交易双方都必须在作出决定之前，仔细参考不动产鉴定士所提供的评估报告。

此外，银行不动产抵押业务也是不动产鉴定业务的一大来源，银行会聘请不动产鉴定士为顾客所抵押的不动产价值做出估值，以便为顾客放出符合要求的贷款额度。公开审查土地价格也是不动产鉴定士的主要业务，如为《标准地价表》提供准确的土地价值数据。法院也会聘请不动产鉴定士进行司法评估，公开拍卖、套利和遗产税的相关不动产鉴定是主要业务。不动产鉴定士在协助城镇规划、基础设施的开发项目规划中也发挥出重要作用。因此不动产鉴定士通常与当地政府有良好密切的关系。

2018 年，日本共有 5247 名不动产鉴定士。大多数不动产鉴定士通过了国土交通省的考核后，都加入了日本不动产鉴定士协会联合会。

不动产鉴定机构主要是中小企业，为律师所、会计师所和银行等机构提供独立评估服务。大型开发商和银行有时会拥有自己的不动产鉴定部门，评估报告主要供内部使用。政府也会设立鉴定评估公共部门，例如每年公布的土地公共价格、固定资产税评估、公开拍卖评估等，通常由省区政府的不动产鉴定士进行相关工作。

不动产鉴定业务通常只能由认证不动产鉴定士完成，没有取得专业资格的人士并不能进行相关工作。然而有时候，房地产经纪、会计师也会提供类似的鉴定评估服务而不收取任何费用，但评估结论不能用于正式的评估报告中。

四、日本不动产证券化的发展历程

在经济开放初期，日本呈现出土地价格大幅飙升的现象，到 1985 年至 1992 年金融危机期间，日本不动产市场的泡沫一触即破，不动产鉴定士所提供的一系列评估服务对地价持续上升起到了关键性的抑制作用。政府公布的土地价格作为参考依据，用于各类土地交易，并用于银行贷款抵押物的价值评估，如不动产证券化产品。

日本历史上经历过四次海外投资的大浪潮，成为推动日本不动产证券化发展的原始动力。第一次是20世纪80年代后期至90年代，当时美国财政赤字剧增，对外贸易逆差大幅增长。美国希望通过美元贬值来增加产品的出口竞争力，以改善美国国际收支不平衡的状况，与包括日本、英国、法国等五国签订"广场协议"。随后，日本取代美国成为世界上最大的债权国，日本制造的产品充斥全球，经济发展过热，大幅升值的日元刺激日本企业纷纷拓展海外市场，成立合资企业。宽松的金融政策使大量资金流动过剩，企业的高精技术研发却并没有吸引到投资，更多的资金涌向国内股市和不动产市场，从而导致资产价格急速上升。这种急速膨胀的经济繁荣，最终在房地产泡沫的破灭中导致日本经济的长期停滞。其代表事件就是野心勃勃的日本三菱购入纽约的洛克菲勒大厦。

随后，长期低迷不正的经济正在形成第二波海外投资的浪潮，处理大量不动产抵押融资的不良债务成了政府的当务之急。1997年，北海道拓殖银行和山一证券等大型金融机构宣告破产，银行将不良债权打包成"不良资产基金"，通过出售来加速处理债权，不良债权与所担保物的不动产，通过证券化操作逐渐演变成了金融商品，吸引了大量海外投资商。

第三波浪潮发生在2005年至2010年期间，此时世界金融危机初显，全球经济形势疲软，这是日本不动产证券化市场的成长期。2001年，日本房地产上市投资信托（REIT）开始出现，由于其管理复杂且成本更高，需要不动产鉴定士对不动产价值做出准确的评估，以便REIT顺利上市吸引更多的投资商。大约3年多的时间里，以REIT为中心延伸出一系列不动产证券化投资产品，如私募权益类产品及债券产品，不动产证券化市场得以迅速扩大。不动产投资则由东京等主要城市转入地方城市，从写字楼、公寓等常规不动产，逐步延展到旅游区酒店等风险更大的开发项目。在这种趋势下，针对日本不动产的海外投资又迎来了一股浪潮。

最近一波浪潮，则是2012年底日本第96任首相安倍晋三上台后加速实施的一系列经济政策，被称为"安倍经济学"的时期。2008全球金融海啸过后，欧美国家纷纷给出极度宽松的货币政策，期望拉拢巨额国际资金。然而，海外资金最有兴趣的投资地区却是亚洲及东南亚市场，因为这些发展中国家和地区的报酬率远比欧美国家来得高。作为亚太主要货币之一的日元，相对于美元欧元，自然更具有投资价值。因此中国台湾、中国香港和新加坡的富裕阶层加大了对日本不动产的投资，同时包括不动产证券化产品在内的收益类产品也成为海外投资热点。从日本到海外以及从海外到日本的双向运作是该时期的特点。

总而言之,从日本不动产证券化产品诞生到如今,不动产证券化的形成,对日本不动产市场繁荣,乃至经济复苏均起到关键性的作用,其中,离不开专业不动产鉴定士所提供的不动产评估服务,在巩固保障投资交易风险、缓解不动产泡沫方面,不动产鉴定士成为至关重要的角色。

第四节 马来西亚

一、马来西亚的经济及房地产市场分析

(一)近期经济发展和主要驱动力

受到新冠肺炎疫情与行动管制令的影响,马来西亚2020年的国内生产总值(GDP)下降了5.6%,幅度高于政府预测的4.5%,这也是自1998年亚洲金融风暴后,马来西亚国内生产总值下跌幅度最大的一次。

由于收入赤字被相当大的商品盈余和较小的服务赤字所抵消,马来西亚现在的经济收支仍然是有盈余的。因此,马来西亚仍然保持对外国投资的吸引力。

马来西亚大多数经济部门在2018年实现增长,但与油棕和橡胶等商品相关的部门除外。服务业和制造业仍然是马来西亚GDP增长的主要驱动力。

1. 主要驱动力——需求方

因为向新政府过渡,现在马来西亚削减公共支出以减少前政府累积的沉重债务,但私营部门的支出继续成为GDP增长的主要推动力并缓解了2018年和2019年公共部门的支出下降。

由于稳定的劳动力市场条件,再加上就业和收入稳定的增长以及生活费援助等措施,私营部门支出占马来西亚国内生产总值高达55%。

在积极的商业和消费情绪以及有利的经济和金融条件的支持下,私营部门的支出仍然是国内需求的主要增长决定因素。

根据世界银行的数据,2020年马来西亚固定资本形成总额增长率为-14.5%,而2017—2019年分别为6.1%、1.4%及-2.1%。这主要是由于2020年受到新冠疫情影响,亦因为公共投资减少和私人投资增长放缓,导致整体表现有所下降。总体而言,公共投

马来西亚

资于2021年第一季度比2020年同期下跌了18.6%比2017年减少了5.2%，这主要是由于上市公司的支出减少。联邦政府的支出由基础设施、公用事业、农业和农村发展支出组成。

私人投资在2018年增长4.5%，而2017年为9.3%，支出主要集中在服务业和制造业。总体投资主要涉及消费和旅游相关活动，如批发、零售贸易、食品饮料以及住宿。全球对电子、电气和化学产品的高需求预计会增加对制造业的投资。出口导向型部门继续提高生产力以满足需求。在新冠肺炎疫情影响下，私人投资在2020年第4季度下跌7%。

与2017年的11.3%相比，2018年马来西亚机械和设备（M＆E）的投资增长收缩至1.1%。M＆E投资的增长全靠对运输设备的投资。由于外国直接投资和各种制造行业的国内投资不断流入，马来西亚的机械和设备行业预计在2018—2027年将以每年10.1%的速度增长。

总体而言，由于受到新冠疫情影响，以及私人和公共资本形成减少，2020年马来西亚国民总储蓄（GNI）减少至24.52%，而2017—2019年的GNI分别为29.3%、27.0%及25.1%。这导致储蓄—投资差距降至GNI的2.4%，而2017年为GNI的3.1%。

2. 主要驱动力——供应方

在供应方面,增长主要由服务业和制造业推动。服务业得到消费和国内旅游活动的支持,以及对信息通信技术、运输和金融的强劲需求。

(1)服务

2018年,服务业约占马来西亚国内生产总值的55%,服务业2018年增长6.8%,而2017年为6.2%。增长得益于批发和零售贸易、金融和保险、信息和通信、食品饮料和住宿。稳定的劳动力市场状况、积极的商业和消费者情绪以及有利的经济和金融条件,进一步促进了服务业的增长。家庭支出在3个月的商品和服务税(GST)归零期间持续增长,特别是贵价消费品。

此外,通过电子商务平台的销售以及对数据通信和计算机服务部门的持续需求促进了增长,宽带服务和智能应用的需求大大增加。至于金融和保险行业,家庭和商业部门的融资活动增加,财务部门得到改善,保险部门因保费收入的增加和索赔减少而有所改善。由于贸易和航空客运量增长放缓,运输和仓务行业的增长较为温和。

然而,由于受到新冠肺炎疫情影响,于2020年服务业虽仍主导马来西亚国内生产总值,占比为57.7%,不同类别的服务业的需求大多亦下降,服务业增长率为-5.5%。

(2)制造业

制造业在2018年增长了5%,而2017年为6%。随着全球半导体产业的发展,制造业在出口导向型产业的推动下实现了稳定的增长。电子工业和全球工业活动的发展增加了对制成品的需求,并随后增加了出口导向制成品的生产。出口导向型商品包括E&E(电器与电子产品)、石油、化工、橡胶、塑料、木材、家具、纸张、印刷、纺织品、服装、皮革和鞋类产品。国内商品包括消费者和建筑相关的产品和运输设备,这些产品得到稳定需求的支持。随后3个月的消费税评级为0,汽车销售的上升增加了运输设备的制造和机械设备的维修和安装。

然而,由于受到新冠肺炎疫情影响,2020年制造业占马来西亚国内生产总值22.9%,不同类别的制造业的需求大多下降,制造业增长率为-2.6%。

(3)建筑业

建筑业在2020年减少-19.4%,2018年增长4.2%,而2017年为6.7%。这归因于新冠肺炎疫情和房地产市场失衡,因为商业物业和住宅物业的供过于求,导致其他地产类市场的增长空间受到挤压。

土木工程部门仍然是正在进行的基础设施、公用事业和石化项目市场增长的关键驱动力。

目前的主要基础设施项目如下：

①大众快速公交 2 号、轻轨 3 号；

②西海岸高速公路；

③巴六拜轻轨运输；

④泛婆罗洲和沙捞越沿海高速公路项目。

（4）农业

由于受到新冠肺炎疫情影响，以及油棕和橡胶行业的增长率较低，农业 2020 年增长率为 –10.6%，2018 年农业部门增长率下降了 0.4%，而 2017 年增长率为 7.2%。这主要归因于天气和生产限制，特别是沙巴和沙捞越的旱季。由于棕榈油被其他植物油替代，中国需求下降也是重要因素之一。印度对原棕油和精炼棕榈油的进口关税上涨也影响了出口。

随着原棕油（CPO）产量增加以及价格从最高每吨 2350 令吉降至 2019 年第二季度的最低值 2050，2020 年的原棕油价格则升至每吨 2685 令吉。

（5）矿业

由于管道维修和预料外的维护停工导致东马的供应中断，影响天然气运营并随后导致天然气产量下降，因此 2018 年马来西亚采矿业增长下降 1.5%，而 2017 年则下降了 1.0%，矿业于 2020 年增长率为 –2.2%。

2019 年，随着天然气生产业务的恢复，采矿业的增长预计将反弹 0.7%。

3. 主要驱动力——出口

马来西亚出口总量在新冠肺炎疫情的冲击下，全球需求疲软，且外围经济条件欠佳，马来西亚在 2020 年的出口总额同比萎缩了 1.4%，2018 年增长了 5%，而 2017 年为 11%，这得益于制造业产品的持续需求，归因于电子产品周期的扩张和全球的行业活动。马来西亚在 2020 年 12 月的出口同比增长了 10.8% 至 957 亿马币，为 2020 年的单月最高记录，也是自 2018 年 10 月以来的最佳表现，并创下有史以来的第二的好成绩。根据复苏的全球经济和贸易表现，预计马来西亚出口将保持弹性。

马来西亚半导体的增长在 2018 年达到 11%，而在 2019 年为 16.3%。这与汽车、医疗技术和消费电子行业半导体的增量一致。在新冠肺炎疫情的冲击下，2020 年马来西亚半导体的增长下跌了 7.2%。

对于非 E&E 制造业部门的出口，出口量在 2018 年增长了 6.7%，而 2017 年为 11.2%，主要由化学品、石油产品、金属产品、光学和科学设备支持。

就农业出口而言，由于供应中断，2018 年商品量下降 5.6%，而 2017 年为 2.7%。

由于原棕油和液化天然气价格的下降，商品的出口价格增长较低。

出口产品价格由 2017 年的 4% 增长率上升到 8%。2018 年制成品价格上涨了 5.6%，特别是半导体价格上涨。

随着马来西亚槟城的全球 E&E 分销中心和出口导向型制造工厂的建立，它促进了制成品的出口，缓和了因供应中断所造成的商品出口下降。

4. 主要驱动力——进口

马来西亚的进口增长放缓，马来西亚在 2020 年的进口总额为 7961 亿令吉，同比下降 6.3%，2018 年为 4.9%，而 2017 年为 19.7%，原因是成本和中间进口品的下降，与制成品出口的放缓一致。

资本进口的下降主要归因于新冠肺炎疫情致全球经济活力下降，以及投资活动和大型项目的减弱。

随着槟城全球 E&E 分销中心和出口导向型制造工厂的建立以及对石油产品的持续需求，在 2018 年，基于再出口目的的进口量大幅增长了 40%，而 2017 年为 25.3%。

5. 国际收支平衡表

马来西亚的贸易顺差在 2020 年增加至 1848 亿令吉，而 2018 年为 1205 亿令吉，原因是制造业出口的增加，尤其是电子电气、光学和科学设备。E&E 制造产品的盈余缓解了非 E&E 产品的不足，包括机械、设备和零件、化学品和运输设备。

马来西亚经常账户在 2019 年有 508 亿令吉的盈余，而 2018 年则为 335 亿令吉。2021 年第一季度马来西亚的经常账户盈余为 123 亿令吉，低于上一季度的 186 亿令吉。经常账户盈余主要来自服务赤字相比较高的货物盈余。

旅游账户盈余从 2017 年的 329 亿令吉下降至 2018 年的 289 亿令吉，预计自 1989 年以来首次出现 109 亿令吉的赤字，由于国际边境关闭以遏制新冠肺炎疫情流行，旅客入境人数将大幅下降。

2018 年服务账户赤字减少至 197 亿令吉，而 2017 年则为 228 亿令吉，主要原因是贸易活动缓和后，对进口专业、建筑、信息通信技术、金融和保险的支付较低。这正反映了马来西亚对外国服务提供商的高度依赖。在新冠肺炎疫情影响下，2020 年服务账户将出现 503 亿令吉的更大赤字，主要是由于旅行和运输账户的收入下降。

由于外国直接投资的利润和股息净支付较高，而其他投资的净收入较低，2018 年马来西亚主要收入账户的赤字由 364 亿令吉增加至 494 亿令吉。直接投资的赤字不断扩大是由于马来西亚公司对海外投资所产生的投资收益的汇回，特别是在受全球油价下跌和全球贸易活动较为温和时影响较小的采矿和服务业。

由于外国人对制造业、建筑业和种植业的高度依赖以及马来西亚人在海外工作的汇款较少,外国人的汇款较高,二级收入账户的差额为188亿令吉。

在跨国公司注入股权资本的支持下,马来西亚2020年直接投资账户有净流入146亿令吉,而2019年为324亿令吉,收缩54.8%,部分原因是新冠肺炎疫情大流行造成的全球经济不确定性的影响。外国直接投资流量减少的原因是股权和投资基金份额下降以及向海外附属公司提供的贷款增加。马来西亚经济受到全球经济不确定性的影响,这减少了投资活动。外商直接投资在2018年的总流入量为326亿令吉,占国民总收入的2.4%,与2017年的404亿令吉(占国民总收入的3.1%)相比略有下降。

在2018年,由于其他投资的大量流入高于非居民因全球金融市场波动而导致的证券投资逆转,金融账户录得大量的净流入,高达186亿令吉。证券投资逆转主要是由于外国投资者对国内债券的净销售额增加。

其他具有大量资金流入的投资包括较高的货币配置和国内银行系统存款以及非居民的外部贷款净结算较高。炼油和石化综合开发(RAPID)项目的合资企业为主要投资方。在2020年,外商直接投资主要集中在制造业与服务业,分别占69亿令吉,其次是矿业,占20亿令吉。外国直接投资的主要贡献者是新加坡(57亿令吉),泰国和中国分别为32亿和26亿令吉。

(二)房地产市场的近期发展

房地产市场逐渐好转,房地产市场表现在2021年第一季度的交易量和交易价值较2020年第四季度也略有下跌,分别为11.6%和5.8%。

由于封锁措施限制经济活动,加上许多企业没有派发花红、裁减员工薪金和消费者失业等原因,致买家暂时搁置买房计划,从而减缓房地产市场的复苏。总体而言,房地产市场仍处于巩固阶段。

马来西亚房地产市场在2021年第一季度有80694笔交易,价值361.1900亿令吉,而2020年第1季度则为72867笔交易,价值285.81亿令吉。市场不稳定的主要原因为疫情的进展,随着疫情情况日益严峻,马来西亚房价经历了2020年底的回升后,2021年初又开始了小幅的按季走跌趋势。

1. 住宅市场

住宅部门占房地产市场总交易量的最大部分,占据了约64.78%,2021年第一季度共有52273笔交易,价值196.63亿令吉。住宅单位的发行量从2019年第四季度的60200套下降至2021年第一季度的52273套,下降13.2%。

就住宅市场的公寓部门的过度建设和住宅市场的有地住宅部门的供应不足而言，住宅物业市场普遍存在很大的不平衡。

政府已推出"居者有其屋"（HOC）以促进房屋销售，这将免除购买者在2019年1月至6月期间购买在HOC注册的住宅单位的印花税。

对于根据此政策注册的物业，将免除首批100万令吉的转让和高达250万令吉的贷款协议的印花税。如果购买者购买150万令吉的房产，购买者需要在支付100万令吉之后支付剩余金额的3%，并且不需要在2019年为贷款协议支付任何印花税。对于新推出的房产，购房者还将获得开发商至少10%的价格折扣。预计这将吸引更多购房者并增加房产交易数量。印花税豁免适用于2019年1月1日至7月31日期间的6个月中已完成或正在建造的未售出物业，并适用于2019年HOC期间在房地产和住房开发商协会（REHDA）注册的物业。

对于二级市场的现有房产，开发商可以从原始售价中提供高达30%的折扣，以出售其未售出的房屋。

由于办公空间供过于求，办公楼市场仍然具有竞争力，预计2019年吉隆坡写字楼市场租金将继续下滑。2019年的写字楼市场仍然是"租户市场"，房东提供更具吸引力的套餐和奖励，以保留现有租户并吸引新租户进入竞争市场。另外，对灵活的共同工作空间的需求将会逐渐增加。

住宅部门的物业悬置在2020年有29565个单位，与2019年相比，跌幅为3.6%。商业物业方面，服务式公寓悬置在2020年有23606个单位，与2019年相比，增幅为37.7%。商铺录得6904套、SOHO2129套，物业悬置一共录得32639个单位。正在建造的未售出单位与2019年相比增加至35258个单位（4.2%），未建造的未售出单位与2019年相比也增加至6.4%。

共管公寓悬置是悬置现象的主要原因，占总悬挑单位的约53.2%，共计15718单位。所有悬置单元中，大部分位于新山，有23472个单位。

2. 2019预算对可负担房屋的援助

（1）政府将花费15亿令吉购买可负担房屋。为了帮助那些收入不超过2300令吉的人，国家银行将通过选定的银行设立基金，用于售价高达15万令吉或以上的房屋，利率为3.5%。该基金将在两年内提供援助直至资金耗尽。

（2）财产转让函（surat cara pindah milik）上的第一笔30万令吉的印花税免税和购买房屋的首次购房者的贷款协议，价格最高为50万令吉，为期两年，直至2020年12月。

（3）将向Cagamas Berhad分配2500万令吉以准备抵押担保，以确保家庭收入高达

5000令吉的首次购房者将获得更高的融资,包括存款。除开发商给予的折扣外,预计这将使买家的成本降低7%～11%。

(4)公共部门家庭融资委员会(LPPSA)的融资将首次从30年延长至35年,第二次融资将延长25年至30年。

(5)自2019年1月1日起,政府将在房屋首次购置的房产转让函上免征印花税,房屋价格为300001～1000000令吉。

(6)马来西亚房地产和房屋开发商协会(Rehda)同意将不受新项目价格控制的房屋的房价降低10%。

3. 工业化建筑系统

最近的一项发展是工业化建筑系统(IBS),这是一种建筑系统,其中部件在工厂内、现场或非现场制造并组装,确保需要最少的工序。

IBS是由预制组件构建的建筑系统。这些部件的制造是使用机器,模板和其他机械设备在现场系统地制造的。组件将被送到施工现场进行安装。

在马来西亚,主要的建筑方法是传统的建筑结构,并高度依赖引进外国工人。在2019年预算中,为了改善和维护破旧的学校建筑,政府拨款25亿令吉,作为鼓励采用IBS的第一步。2019年,马来西亚的IBS采用率约为35%,估计到2020年将达到50%。

IBS主要用于建造可负担房屋,能够降低建筑成本,缩短施工时间,使开发商能够有效地建造可负担房屋。

4. 房地产市场对GDP的贡献

房地产业是服务业和建筑业的主要贡献者之一,涉及制造业、建筑业、物资业、公用事业、房地产业和专业服务业等50多个相关行业/业务活动。

房地产和商业服务子行业对GDP的贡献率为4.6%,其中包括与房地产相关的专业服务,即房地产估价、房地产代理、物业管理、法律和会计服务。预计该子行业将在2019年略微增加至4.9%的GDP贡献,这与疫情影响相对应,封锁措施限制经济活动致房地产市场的增长放缓,原因是封锁措施限制经济活动,消费者失业等原因,致买家暂时搁置买房计划及非住宅物业的供过于求和过剩的发展以及由于价格、产品和位置的错误放置而导致住宅物业的供需不匹配。为解决不匹配问题,自2017年11月起,政府已停止在黄金地段开发价格超过100万令吉的住宅物业,并继续为中低收入群体提供更多可负担房屋。

正在进行的大规模基础设施项目仍然是建筑业的推动因素,即①沙巴和沙捞越的婆罗洲高速公路；②东海岸的中脊马路；③大众捷运（地铁 2 号线）Sungai Buloh-Serdang-Putrajaya（SSP）线；④巴生谷的轻轨 3 号线。预计 2020 年建筑业将占国内生产总值的 5.1%，这得益于住宅和土木工程部门，包括可负担房屋和大型基础设施项目，而非住宅部门预计将压低该部门的业绩的表现。基础设施项目的复兴，即东海岸铁路（ECRL）以及可能的高速铁路（HSR）和大众捷运 3 号线（MRT3）预计将在未来几年刺激 GDP 的增长。

（三）房地产市场的法规和法律

1. 印花税——1949 年印花税法

印花税是根据 1949 年印花税法出售财产所应缴纳的税款。

根据 1949 年印花税法第 4（3）条，应征税的文书是指在任何出售、租赁、收费、结算、交换或分割的情况下，若使用多种途径来完成交易，只有符合附表 1 所规定的责任的主要途径应收取费用，而其他各项途径则只征收 10 令吉的税款；而就本款而言，当事人可为自己确定哪些文书应被视为主要文书。

印花税有两种类型如下：

（1）固定税；

（2）从价税。

固定税按固定税率收取，例如盖印个别文件及保单，而从价税则根据物业转让及贷款协议等交易价值收取。从价税来自物业交易的价值，并以销售和购买协议的价值或基于估值报告的市场价值（以较高者为准）来表示。

2019 年预算公布后，自 2019 年 1 月 1 日起生效，印花税税率按照文书价值征收如下：10 万令吉为 1%；100001 至 50 万令吉为 2%；以此类推至 4%。同时，贷款协议的印花税按贷款额的 0.5% 计算。

2. 1976 年不动产收益税（RPGT）法案

不动产收益税是根据 1976 年房地产收益税法处置不动产"可收费资产"的应课税收益。

根据 1976 年第 2 条 RPGT 法案，应按照附表 5 中规定收税。

RPGT 的豁免如下：

（1）私人住宅在婚前处置所得收益的豁免；

（2）家庭成员之间处置不动产的收益的豁免；

（3）10% 的收益或每笔交易 1 万令吉（以较高者为准）不征税；

（4）价格低于 20 万令吉的低成本，中低成本和经济适用房的收益豁免（2019 年预算后 2019 年 1 月 1 日生效）。

3. 由总理部经济规划处（EPU）管理的外国房地产收购指南

根据国外购买指南，国外是指：

（1）非马来西亚公民或永久居民的个人；

（2）根据 1965 年公司法定义的外国公司；

（3）本地公司，上述各方持有该公司 50% 以上的投票权。

除了以下情况外，国外利益可以购买马来西亚所有类型的房产：

（1）物业价值低于每单位 100 万令吉；

（2）低和中等成本类别的住宅单位；

（3）建在马来西亚保留土地上的房产；

（4）根据国家当局的规定，分配给土著对任何房地产开发权益的财产。

外国人购买房产的数量没有限制。不需要经济规划组的批准，但需要相关部委或政府部门批准收购以下类别的房产：

（1）收购价值 100 万令吉及以上的商业单位；

（2）收购价值 100 万令吉及以上或至少 5 英亩的农地；

（3）收购价值 100 万令吉及以上的工业用地。

注：相关部委或政府部门包括国内贸易和消费者事务部，农业和农基产业部，马来西亚投资发展局（MIDA）等。

购买价值 100 万令吉及以上的住宅单位不需要经济规划组（EPU）的批准，但属于州政府当局的预览范围。

4. 豁免

下列交易能够免于总理府经济规划单位的批准：

（1）根据"马来西亚我的第二个家"计划收购住宅单位；

（2）允许多媒体超级走廊（MSC）状态公司收购 MSC 区域内的任何财产，前提是该财产仅用于其业务活动，包括作为其员工的住所；

（3）由政府授予地位认可的公司在任何区域发展走廊的批准区域内购置房产；

（4）获得马来西亚国际伊斯兰金融中心（MIFC）秘书处认可的公司收购物业；

（5）收购住宅单元作为公司员工的宿舍。

但是，外国人拥有的本地公司只能获得价值 10 万令吉及以上的住宅单位，此事由国家有关部门管辖。

国外购买的其他限制包括：

（1）外国人不得通过公开拍卖购买有地/非地层住宅标题的建筑物，以及分类为农业用地和马来保留地的土地；

（2）对于外国人根据"马来西亚我的第二个家"计划（MM2H）购买房产，外国人只能根据相应的分区要求和最低购买价格直接向开发商购买。外国人只有权购买1个住宅单位。

马来西亚实行托伦斯土地登记制度。永久业权财产永久属于业主。在没有政府任何限制或批准的情况下，可以继续转移房产权益。

租赁权是指从州政府租赁的特定期限，通常为33年、60年或99年。在租赁期届满后，土地将自动归还国家当局。但是，租赁期限可以续签，但需支付额外费用。

将租赁权益转让给另一方视情况可能需要得到国家当局的批准。

分层所有权是多层住宅和商业建筑的另一种共有形式，也是封闭社区中的地产。分层所有权授予各个单位，业主共享公共财产，如公共楼梯井、车道、屋顶和娱乐设施。

一些东盟国家常见的土地使用权在马来西亚不适用。

外国人购买房产所涉及的费用和税收如下：

（1）注册费或州同意费，应付给各州政府；

（2）买卖协议的法律费用；

（3）贷款申请手续费；

（4）贷款期限开始时的收费登记；

（5）估值师的费用（如适用）；

（6）房地产经纪人费用（如适用）；

（7）印花税，印花税是在运送，转让或转让物业时支付的。

注：外国人购买房产所附带的费用和税金约为5%~5.5%。

5. 评估（1976年地方政府法）

地方议会或市政当局根据"地方政府法令"第127条去定立评估率，以规范当地服务。

费率基础评估如下：

根据LGA 1976第130（1）条，任何费率或费率，都是根据国家当局可能确定的持有年度价值或持有的增值价值进行评估。

评估每年两次，每年2月28日/29日和8月31日。

评估率是根据持有/财产的年度价值乘以地方议会或市政当局征收的税率得出的。

根据1976年政府法，持有/财产的年度价值定义为合理预期持有人每年可以让房东支付维修、保险、维护或保养费用以及所有公共房价和税率的年度租金总额。

所列房价可能因房产类型而异。

例如吉隆坡市政厅征收的费率如下：

（1）服务式公寓和商业地产7%；

（2）住宅4%；

（3）低成本公寓2%。

6. 1965年国家土地法第56号法案

马来西亚颁布了国家土地法（NLC），以管理除沙巴和沙捞越之外的所有马来西亚国家的土地转让、土地使用权、土地使用权等。国家土地法是马来西亚法律，在马来西亚半岛实行统一的土地制度。沙巴和沙捞越有自己独立的土地法。国家土地法根据第14节制定规则，并加强国家主管部门的管控力度。

（四）"一带一路"倡议对马来西亚发展的影响

马来西亚连续7年成为中国在东盟最大的贸易伙伴，直到2016年越南接替这一位置，而中国则连续10年成为马来西亚最大的贸易伙伴。

在马来西亚，"一带一路"下最重要的项目有：

（1）位于马来西亚彭亨州的中国关丹工业园区（MCKIP），这是中马钦州工业园区的姊妹园区；

（2）Melaka Gateway，是马六甲海峡的综合深海港口项目；

（3）厦门大学马来西亚校区，这是中国厦门大学的第一所海外校区；

（4）东海岸铁路线（ECRL），这是一条铁路线，加强不发达的东海岸与马来西亚其他地区之间的连通性。

"一带一路"的倡议旨在通过陆路和海港增加中国与亚洲和欧洲其他地区之间的连通性，并通过将技术标准纳入一致，在其内部开展合作，帮助消融贸易中一些最突出的障碍，即物流问题。建设国际通道的地区，即马来西亚—中国关丹工业园（MCKIP），东海岸铁路（ECRL）和马六甲门户，这些建筑合同授予了中国公司，同时当地公司也是重要参与者。中国在建设铁路、公路、隧道、桥梁、ICT设施、石油和天然气管道、发电厂和海港等方面拥有丰富的技术专长和能力，这些重大项目的开发将促进各国之间的整体贸易和知识共享。

总理马哈蒂尔·穆罕默德博士于2019年4月参加第二届"一带一路"国际合作高峰论坛（BRF），宣布马来西亚正在加快建立一站式中心（OSC），以使与外国投资相关的审批更加便捷。从经济前景看,"一带一路"通过消除贸易结构和政策方面的障碍,吸引外国投资者进入马来西亚,同时通过加强政策协调促进政府间合作和沟通,创造了理想的商业环境。

马来西亚拥有充足的原材料供应和相对较低的运营成本,随着全球基础设施连接的推进,马来西亚预计将吸引更多的外国投资,并实现制造贸易和物流领域的重大增长。除了因建设带来的就业机会外,它还将刺激其他与贸易有关的行业和服务业的就业率。

届时房地产行业也将受益于"一带一路",即①通过总造价63亿令吉的槟城海底隧道将槟城岛与大陆连接起来,这将有利于隧道入口处的乔治城和巴特沃思的房地产市场;②马六甲门户项目中的总造价92亿令吉深海港预计将增加贸易活动,并刺激该区域内仓储及物流设施的需求;③预计总造价440亿令吉的东海岸铁路线将为东海岸各州提供大量经济发展机会,因为它是海运线路的一部分,有利于火车站集水区内的整体房地产业。此外,东海岸关丹市将与关丹国际港口作为一个海运枢纽,在非洲、中东和亚洲之间实低现成本和高时间效率的货物运输,促进关丹房地产业的繁荣。

所有上述大型基础设施和港口项目预计将通过增加住房、新工业园区、物流和配送中心,商业发展和新城镇的贡献会导致房地产市场分拆。

二、马来西亚评估咨询行业的发展概况

房地产在马来西亚在内的经济中发挥着核心作用,计算出房地产的价值对于马来西亚经济的健康发展至关重要。

马来西亚估值行业的发展可以追溯到20世纪50年代初,当时英国政府从英国引进了4名外籍人士,成立了隶属于财政部的估值部门。这4名外籍人士具有测量师执业资格,是英国皇家特许测量师学会的成员。

1957年独立后,马来西亚招募了10名实习评估师,分别在英国和马来西亚接受教育,他们构建了我们今天所知的政府估值机构的核心。

这个名为估价和物业服务部门(VPSD)的组织在深度和广度上都迅速发展,从吉隆坡的一个办事处发展到在几乎所有主要城镇和所有州都有分支的大组织,包括设于普特拉贾亚的总部(共计40个分支)。

VPSD的发展并不仅仅局限于估值领域。1999年,VPSD成立了国家物业信息中心(NAPIC),通过分析各类物业在交易和供应上的数据,开发了马来西亚的房价指数(MHPI)。如今,NAPIC已成为马来西亚房地产销售、房地产供应和房屋价格变动信息

和数据的主要提供者。

在 21 世纪初，VPSD 还成立了国家财产研究中心（NAPREC）。该机构资助对房地产行业各方面的研究，并对马来西亚房地产市场状况进行实用性分析。

马来西亚的私营的估值组织增长缓慢。在 20 世纪 50 年代之前，估价工作是由持有执照的评估师进行的，他们根据个人的知识和经验开展工作，但没有接受过专业性的正规教育。在 50、60 年代，有两三家小公司开始从事这一专业行业。早期的先驱者来自英国（包括 CH 威廉姆斯和公司），是在新加坡和马来西亚执业的合格特许测量师。从这个小型圈子成长起来的小公司迎合了商务人士的需求。私营部门公司在过去的半个世纪里不断发展，而今在商业世界占据着中心位置。私营部门增长的主要驱动力是银行和金融机构的最终融资发展。资本市场的发展和成熟促进了估值公司的发展，以满足上市公司在估值上的更高要求，包括数据分析和研究。此外，马来西亚采用和执行国际会计准则，这为估值公司吸引了更大的需求。

随着估值行业的发展，从业者发现有必要建立一个专业机构，为行业提供一个平台，1961 年马来西亚测量师学会（ISM）应运而生，在收到皇家宪章后更名为皇家特许测量师学会（RISM），是涉及土地测量、工料测量、建筑测量和房地产测量等领域的机构。到了 1974 年，RISM 已经全面开展专业考试，并得到政府的认可，以审查和培训发展中国家的未来评估师。

大约在同一时间，玛拉技术学院开启估值文凭课程，以培训细分专业团体。由于对专业评估师的需求不断增长，马来西亚科技大学于 1973 年也开设了这一专业。发展到现在，马来西亚目前有 4 所公立大学和 5 所私立大学为评估师提供专业的教育和培训。

估值专业的发展最初是因税收而驱动的，包括遗产税、印花税、差饷地租等。因此，发展公共部门机构成为优先事项。吉隆坡证券交易所于 1973 年成立，马来西亚证券委员会（负责监管和发展马来西亚的资本市场）于 1993 年 3 月成立。在这一时期，金融市场开始了飞跃式的发展，以贷款和抵押品为基础的估值也变成了必需品。此外，会计准则的相应要求也使得稳健的估值成为市场"必需品"。

估值专业很快也向专业化发展，从单一估值发展到包括物业咨询、房地产代理和物业管理。目前公共和私营部门，包括地方当局、教育组织、银行和金融机构、房地产开发公司和公司组织等都有专业的评估师。

尽管如此，估值行业在马来西亚仍是一个小行业（与会计，法律和医疗专业等相比），马来西亚只有 887 名注册评估师在当地进行估值，他们的执业执照每年更新一次，只有 816 名试用估值师在马来西亚评估委员会注册。

在 2011 年，马来西亚评估委员会推出了新指引，允许估值公司最多 49% 的股票剥离给非注册估值师，包括国外的公司。由于这一新指引，许多国际估值公司现在持有本土估值公司的股票。

三、马来西亚评估咨询行业的业务应用

（一）估价师在各部门行业的业务应用

自由的经济市场有助于估值师和估值产业的发展和进步。估值师目前可以进入公共部门、私营部门和企业部门。

在公共部门，财政部在估价和物业服务部雇佣估值师是最多的。这些评估师执行以下工作：

（1）印花税、房地产收益税等财产税的估值；

（2）政府在物业或土地上的出售、购买、租赁的估价；

（3）土地转让、用地转变、土地发展的估价；

（4）对强制征地和电力通行权补偿的估价。

地方当局和市政当局为以下目的雇佣评估师：

（1）制定年利率；

（2）管理地方当局拥有的物业或财产；

（3）担任建筑专员以执行"分层管理法"。

估值师在私营部门中发挥着更大的作用。透明、可靠和可核实的估值大大提高了资产价值的透明度和可信度，估值师的需求因而上升。估值师因以下目的而受雇于私营部门：

（1）银行贷款和其他抵押的估值；

（2）会计估值；

（3）证券委员会的估值；

（4）为内部管理目的进行的公司活动评估；

（5）诉讼和争议解决方案的估值；

（6）兼并和收购的估值；

（7）对赔偿要求提出异议的估价；

（8）对政府订立价值的争议的估价。

越来越多的估值师在企业组织工作，包括发展商，他们会在下列的项目上提出建议：

（1）在发展和营销方面的投资和市场战略；

（2）积极营销房地产；

（3）开展市场和可行性研究。

教育和培训方面也吸引了大量的评估师，这些专业人员在全国各个大学和学院担任教职员工。

评估行业的另一个已得到发展的方向是地产代理部门。在这里，大量合格的评估师已成为房地产经纪人，从事地产代理各方面的工作。

在过去的20年中，物业管理吸引了大量的估值师进入。今天，私营企业聘用估值师为物业经理已经成为常态。

私营的估值公司已经有了一定的扩大和发展。如今，一家大型估值公司往往都有三到五个不同的部门。他们的工作包括：

（1）对上述所有方面的评估；

（2）地产代理；

（3）物业管理；

（4）市场研究；

（5）咨询和建议。

（二）市场主要参与者和竞争对手

在过去30年中，在经济飞跃发展的同时，估值行业面临的提供可靠、可辩护和透明的估值以及其他相关服务的压力也越来越大。

为了在马来西亚从事估值、房地产中介和物业管理方面的工作，估值师必须是注册估值师。马来西亚实施的监管程序一直是该行业发展和增长的重要刺激因素和指导性参数。

第一个监管机制是在1976年根据"测量师注册法"引入的，该法案适用于工料测量师和估价测量师。1981年，政府通过"估值师和评估师法"引入了估值师的强制注册，该法案最初只对测量师和评估师进行了注册和监管。最终，该法案扩大到包括地产代理和物业经理的注册。今天，根据1981年评估师、测量师、地产代理和物业经理法案（第242号法案）成立的评估师、测量师、地产代理和物业经理会（BOVEAP），不仅负责监管评估师、评估师、地产代理和物业经理的工作范畴和性质，还负责管理他们的注册程序。

测量业的监管提高了估值专业的专业性、尊重性和社会认可度。公众可以求助于政府机构，以确保所估值师提供的服务符合标准并使用恰当的估值方法。估值业中各种注册的专业，包括房地产中介和物业管理的发展是充满活力和爆炸性的。在短时间内，从事该专业服务的公司成倍增长。

为了应对房地产行业的爆炸式增长，目前在马来西亚有几家跨国估值公司，如Knight Frank、Savills、BRE-WTW、JLW、VPC Asa Pacific、仲量联行、Rahim & Co、PPC International、Raine Horne、Henry Butcher、KGV、PA International、Cheston等等。在测量师、估值师、地产代理和物业经理（BOVEAP）董事会注册的公司和分支机构约有540家甚至更多。

马来西亚是国际测量标准委员会（IVSC）最早的成员之一。随着时间的推移，马来西亚也制定了自己的估值标准，目前称为马来西亚估价标准（MVS），这些标准变得更加健全并且与IVSC标准相一致，后者被完全认可并包含在MVS中。

监管股票和资本市场的证券委员会要求上市公司的所有资产都遵循有关资产估值的具体指导原则。这些指南称为资产估值指南，并不时进行修订。它们包含非常具体且严格的程序，以规范测量师的估值工作。

此外，评估师也将遵循并采用由马来西亚皇家测量师学会专业机构发布的"统一测量方法"。这些标准规范了如何衡量房地产资产，以提高估值的一致性。

（三）测量业的法律和条例

所有在马来西亚的测量师均受监管。要进行估值，所有测量师必须在BOVEAP注册。没有注册就行动是违法的。已经修正的1981年测量师、评估师、地产代理和房地产经纪人法（第242号法案）即用以监管测量师。

该法案第10节明确规定了理事会的职能：

（1）保存及管理测量师、评估师及地产代理的登记册，试用测量师/试用地产代理的登记册；物业管理人登记册及公司登记册；

（2）根据本法案批准或拒绝注册申请，或根据其认为适当的条件去批准任何此类申请；

（3）按照第Ⅶ部进行纪律处分程序；

（4）对希望根据本法注册资格的人安排及进行检查；

（5）经财政部批准，根据本法规定应付的费用，包括注册估值师、测量师或地产代理所提供的专业意见或服务收取的费用；

（6）听取及裁定与估值师、测量师及地产代理的专业操守或道德规范有关的争议，或委任委员会或仲裁员聆讯及裁定此类争议；

（7）建立及规管估值师、测量师及地产代理的专业操守及道德规范，并制定专业守则；

（8）向从事估值或地产代理或任何相关学科专业课程的人士颁发奖学金，并为推广该专业而授予拨款或捐款：一是委任董事会成员出任为和估值或相关专业有关的委员会或团体组织的成员；二是借入或以任何方式筹集资金以购买或租赁董事会所要求的任何不动产，以及出售或处理董事会认为合适的财产。

（9）一般而言，为执行第Ⅲ部至第Ⅷ部的条文而进行所有必要的行为及事项。要取得估值师执业资格，必须遵守该法的第18节。测量师和试用测量师的注册资格应符合以下条件：

1）在符合本法规定的前提下，除非根据本法案注册为试用评估师，否则任何人均无权根据登记册第Ⅰ部分输入其姓名。

2）任何人通过了工会规定的考试或者取得了工会认为等同于此类考试的资格，可以向工会申请注册成为试用测量师。

3）试用测量师须有实际经验并通过工会规定的专业能力测试或工会认可的任何同等测试或考试。

4）如试用测量师已遵从第3）款的规定，即可向工会申请将其姓名记入登记册。

尽管有第1）、2）及3）款的规定，但仍属于测量师学会（马来西亚）物业顾问及估价测量组的研究员，并符合第3）款的规定，可以向工会申请将其姓名记入登记册。非马来西亚公民或永久性居民的人不得注册为评估师或试用评估师，除非其在条款生效前已是注册评估师或评估师。

估值师有权进行的工作如下：

根据本法案的规定，已获得工会执业授权的注册估值师或测量师有权从事其专业工作，并有权进行：

（1）所有土地和建筑物的估价，包括家具、固定装置、贸易存货、厂房或机器及其他；

（2）对土地和建筑物的可行性研究、项目管理、法院诉讼、仲裁或其他目的所需的估价；

（3）物业管理及制作或检查家具、固定装置、贸易存货、厂房或机器的存货及其他影响。

由上述说明可以看出，马来西亚的评估行业监管体系相当复杂。

第五节 柬埔寨

一、柬埔寨的宏观经济

1. 经济规模

从1993年到2003年,柬埔寨经济快速增长,平均每年增长7.6%,并在2004年至2007年期间继续实现每年10%以上的高速增长。由于2009年的全球金融危机,增速从2008年的6.7%下降到2009年的0.1%。然而,这一趋势已经在2010年恢复到5.9%,直到2014年再次强劲增长至7.1%。在2014年10月,世界银行指出"柬埔寨20年来的年平均增长率为7.7%,现已成为世界上经济增速第六的国家"。亚洲开发银行(ADB)预计柬埔寨将在2015年实现7.3%的健康增长,2016年将实现7.5%的增长,同时保持2015年GDP稳定的贸易逆差约为13.7%,并将2016年和2017年的通货膨胀率控制在3%~5%的范围内。正如其2015—2025年工业发展政策所设想的那样,柬埔寨承诺在2018年及以后保持其增长势头,目标是每年至少7%~7.5%。不过在新冠肺炎疫情的影响下,亚洲开发银行(ADB)预计柬埔寨在2021年将只达到1.9%的健康增长。

据柬政府初步统计,受新冠肺炎疫情影响,2020年柬国内生产总值(GDP)为262.12亿美元,同比下降3.7%。人均GDP为1683美元。其中,旅游业遭受新冠肺炎疫情冲击最大,同比下降9.7%;建筑业总体下降3%;农业增长1%;以制衣制鞋为支柱的工业和手工业领域下降27%。年均通货膨胀率为2.9%。

2. 行业架构

在未受新冠肺炎疫情影响的2018年,第一产业占经济总量的26.18%,其中农业贡献占29%,相关服务业占比达到了39.43%,主要农产品为大米、橡胶、玉米、木薯等。第二产业和第三产业分别占经济总量的22%和38%。制造业的主要产业是针对出口的服装产品。在第三产业中,旅游相关产业对柬埔寨经济十分重要。

3. 贸易

柬埔寨的贸易发展较为平衡,且由于经济增长,出口和进口都在扩大。出口的主要国家和地区是美国、中国(包括中国香港)、欧盟、加拿大和越南。主要进口国是中国(包括中国香港、中国台湾),泰国和越南。柬埔寨在很大程度上依赖于工业投入产品和日常商品的进口。

4. 涉外直接投资（FDI）的政策

虽然官方国家货币是瑞尔，但美元更常用于企业和商业交易。柬埔寨涉及外资的法律和法规基本上旨在鼓励投资。正如《投资法》规定的那样，除《宪法》规定的土地所有权除外，外国直接投资不得受到歧视性待遇，并允许在许多地区自由投资。根据现行的《投资法》，获得最终注册证书的投资者将有权获得各种相应待遇。

此外，柬埔寨政府一直在改善其投资便利化服务。例如，政府于2005年决定在柬埔寨发展理事会（CDC）下设立柬埔寨经济特区委员会（CSEZB），以推广柬埔寨的经济特区（SEZ）计划。而由CSEZB管理的经济特区管理局将在授权的经济特区建立，预计将为区域投资者提供从投资项目登记到日常进出口审批的一站式服务。

二、柬埔寨评估咨询行业的发展概况

柬埔寨的城市化加速伴随着房地产市场的大规模增长，其中也包括了估值行业。强劲的GDP增长，政治稳定以及外国直接投资激增是促成这种增长的主要因素，其中促成房地产发展增长的主要原因是新法律允许外国人购买位于土地上至少一层的房产。

2008—2009年全球经济危机爆发后，柬埔寨政府发现不受监管的房地产发展会构成经济风险，因此正式任命经济暨财政部建立法律和监管框架以监督和管理房地产经纪人及财产评估师的活动。而经济暨财政部于2007年已颁布了有关该行业的法规，开始实现政府监管房地产行业。

房地产交易管理部（The Real Estate Trading Management Division）由经济暨财政部（Ministry of Economy and Finance）于2005年9月19日经柬埔寨王国政府总理（RGC）批准成立。在2013年，这个部门以不分等级的形式分布在房地产事务和典当事务局（Department of Real Estate Business and Pawnshop），而该局有四个部门隶属，即住房开发部，典当业务部，估价和房地产经纪部以及作为金融业总务部（General Department of Financial Industry）执行机构的反非法业务部，在柬埔寨的房地产业发挥着至关重要的作用。

该部门的首要任务是：制定规则和监管框架，根据由柬埔寨王国政府正式生效的2011—2020年金融部门发展战略（FSDS），监管所有与住房、房地产和估值部门相关的企业。近年来，柬埔寨房地产市场增长很快，因此需要相应的加强监管机构和政府官员的能力，并为评估和房地产经纪服务提供者制定监管框架和职业道德准则，以及其他与之相关的必要规则来规范地区性和国际性的标准，例如以此打击房地产反洗黑钱行动，

柬埔寨

不但加强了政府在房地产业务上收入流动性的效率，也提高了公众对房地产市场及政府的信心，更保障了消费者利益，在一定程度上相当于制定了防范房地产业脆弱危机的审慎政策。

三、柬埔寨评估咨询行业的业务应用

房地产经纪人和房产评估师许可制度于2007年制定，而柬埔寨评估师和房地产经纪人协会（CVEA）则于次年成立。到2020年底，经济和财政部共授予212家公司经营许可权，其中有151所为地产代理公司，6所为估价公司，50所为公司同时含有地产代理及估值服务，2所是物业管理公司，以及3家公司同时含有地产代理、估值和物业管理服务。

近年来，行业规模和复杂性的快速增长，产生了保障消费者权益的需要，而保障能通过制定法律草案、检视现有法规和设立新法规等途径来实现。包括用法律和法规来规管专业服务供应者的活动，例如房产评估师、物业经理和房地产经纪人等。

这些法律法规需要有一个强有力的法律框架，以使法规能有效执行，并在适当情况下惩罚涉及非法活动的市场参与者。目前的监管环境无法有效执行和实施处罚，因为并没有经济和财政部的法律授权来对侵害行为进行处罚。

估价的主要服务：

单一资产估值；住宅物业（公寓楼，公寓开发，住宅项目）；商业地产（酒店，度假村，办公室和零售中心）；工业产权（工业厂房，仓库建筑）；土地；投资组合估值；专业物业（高尔夫球场，机场，医院，娱乐中心，农业用地和基础设施）；租赁和成本分析；保险估值；投资估值。

第五章

"一带一路"倡议带来的机遇与挑战

第一节 "一带一路"给沿线国家带来的发展机遇

7年来,加入"一带一路"倡议的国家越来越多,这在一定程度上反映了"一带一路"倡议给参与国带来的实际的国家利益,也是因为这种国家利益的存在,才会让更多的国家、地区加入进来。此外,也让更多的跨国企业看到"一带一路"倡议所带来的无限商机和日趋向上的态势。

一、延伸本国经济战略

世界各国提升国家综合国力,都一直在探索各种各样的经济政策,实施各种各样的"丝绸之路"战略,如美国制定了新丝绸之路计划、俄罗斯推出欧亚经济联盟、东盟的互联互通总体规划、日本的亚洲基建投资计划、韩国的欧亚计划、印度尼西亚的全球海上支点战略等。中国的"一带一路"倡议和这些战略其本质和出发点,都是为了国家利益而制定的经济政治战略,在一定程度上,各种战略都具有共通性。正是这种共通性,使"一带一路"倡议本身所开放接纳、合作共赢的经济态势,直面各种国家。因而,对国家和国家企业而言,将自己的发展战略对接"一带一路"倡议,就是一次战略拓展的过程,能快速直接地延伸本国的经济。

二、改变世界经济格局

21世纪的国际竞争,已经逐步变成了综合国力的竞争,由于各个国家的政治格局、文化差异、经济水平等存在很大的差距，各国竞争的起点根本不一致。此外，随着科技开启的工业革命的到来，国家之间两极分化将越来越明显，有可能出现富国越富、穷国越穷的状况，这种现状最直接的结果就是，国家在国际上话语权缺失，为强国所制。中国作为发展中国家，与中国第三世界国家有着同样悲惨的历史和民族复兴的理想，所以才选择抱团取暖，互相学习，互相进步。

"一带一路"倡议恪守联合国宪章的宗旨和原则，坚持开放合作、和谐包容、市场运作、互利共赢的原则，就是一个以经济为纽带的和平路线，以互助互融的方式，加强国与国之间的交流，进行抱团取暖，让弱势群体能够在国际上发声，谋取相关的国家利益。

三、带动落后地区经济发展

"一带一路"倡议可以直接改善和提升参与国的基础设施，打下良好的经济基础，以政策沟通为基础，以设施联通为依托，开展贸易畅通，提供资金融通，助力落后地区的经济发展。如部分落后海港国家，没有经济基础和设施设备，想打造新型港口，是困难重重的，但加入"一带一路"倡议后，在充足资金和设施设备的支持下，港口可成功打造。建设投用的港口，将为这个国家在接下来几年、几十年带来无法估量的巨大经济收入，实现经济翻身，也为国家之后的建设提供支持。

"一带一路"倡议，除了是一个"富帮穷"的过程，也是一个"穷学富"的过程，通过这个过程，可以明显带动落后地区的经济发展。在"一带一路"沿线国家，特别是一些第三世界国家，他们人口密集、经济处在上升期，但金融体系发展较慢且不均衡，普通人获得金融服务的成本非常高。如在印度尼西亚，由于线下网点奇缺，许多人连充手机话费都很困难，由此在印度尼西亚街头，滋生了一个独特的职业"代用户充话费的摩托青年"；另一个有意思的现象是，在"一带一路"沿线国家，当地创业公司都在热衷做"当地版支付宝""当地版阿里巴巴""当地版微信""当地版滴滴"。

四、推动人类命运共同体建设

近年来，全球化发展遭遇逆风，发达国家孤立主义和保护主义抬头，全球经济增长动力不足，全球经济治理滞后和发展失衡问题突出。唯有发展才能消除冲突根源，唯有发展才能不断增强和扩大信任。共建"一带一路"倡议正是把破解发展赤字作为解决所有问题的优先方向和关键举措。共建"一带一路"所体现的共享发展理念超越了传统发展模式下的封闭性、零和性,体现了鲜明的开放性、平等性、包容性。共建"一带一路"不是少数国家封闭的小圈子,而是坚持成员开放、议程开放、合作过程开放,最大限度地体现了参与各方发展机会、发展权益和发展成果的共享。

共建"一带一路"倡议着眼于构建人类命运共同体,坚持共商共建共享原则,具有极其重要的实践价值。共商就是"大家的事大家商量着办",强调平等参与、充分协商,以平等自愿为基础;共建就是各方都是平等的参与者、建设者和贡献者,强调发挥各自优势和潜力形成合力;共享就是兼顾合作方利益和关切,不搞"你输我赢"或"你赢我输"的零和博弈,不唯利是图、转嫁危机。

此外,除了对国际态势的调和,"一带一路"合作也是中国和沿线各国积极应对共同挑战、优化全球治理的有益探索。它将有助于相关国家携手应对气候变化、生态恶化、贸易投资保护、贫困问题等现实威胁,共同提供一项新的全球公共产品,是对现有全球治理机制的补充和完善。

第二节 "一带一路"给中国带来的发展机遇

"一带一路"倡议是符合中国国情,也是利于各个国家的发展态势,这于中国和参与国都有着不可估量的机遇。对中国企业而言,更是乘新时代大东风的好机会,有利于企业开拓新的市场、优化产业布局、打造国际型公司、打造民族品牌等。

一、产品扩大市场的机遇

我国对沿线国家的出口占我国总出口的26%,除我国之外的其他沿线国家人口占世界的40%,出口还有较大的空间。并且沿线国家的GDP增长率和贸易增长率都高于世界平均水平。不但潜力大,而且走势好。随着政策沟通的深化,制度环境会改善,随着设施联通的推进,硬件基础设施水平会提升,民心沟通会拉近彼此的心理距离,将为我们拓展市场提供很好的条件。

二、产业优化布局的机遇

在很长一段历史时期,海运都是主导,从而经济发达地区沿海靠港分布。比如我国,东部12个省市地理面积占全国的16%,GDP份额却接近60%。随着东部发展水平的提升,比较优势发生了重大变化,劳动密集型产业竞争力下降,目前正在转型升级。另一方面,交通运输技术和信息技术的进步,使交通运输成本下降,效率提升,运输容量拓展,"海强陆弱"格局会改善。"一带一路"可以为我国东西双向、陆海统筹发展提供有机衔接。在新阶段,我们抓住此机遇,东部可以实现腾笼换鸟,中西部可以借势腾飞。

三、技术产业能力大展宏图的机遇

我国工业化水平在"一带一路"中属于中上,大约有44个沿线国家水平低于我国。我国工业化技术水平总体上虽然不是最先进的,但是性价比高,也因与大多数沿线国家发展阶段相近,技术适用性较强。在有些领域,我们也是世界领先,比如高铁、核电等。尤其是工程承包,在ENR的统计中,世界前250强,我们占65席,入围企业是美国的两倍。我国的道路桥梁施工建设适应了各种复杂的气候、地质环境。并且,"一带一路"沿线国家基础设施建设是短板,需求量大,相关国家积极性高,优先切入、引领发展的可行性较强。

四、经济结构优化的机遇

我国生态承载能力已接近极限,水资源短缺严重。通过加强与"一带一路"沿线国家的产能合作,鼓励相关企业"走出去",就地取材,进行本地化生产,不但可以更好地服务本地市场,还可降低我国进口消费能源、资源型产品的成本,为我国产业转型升级提供腾挪空间和平稳过渡路径。

五、统筹内外整合资源的机遇

相对发达国家我们有后发优势,可以借鉴其经验,少走弯路。相对其他发展中国家,我们又有先发优势，可以发挥引领作用。我们上可以学习，中可以创新，下可以拓展。"一带一路"倡议秉承开放的区域主义精神，为我们整合发达国家的先进技术、发展中国家的丰富资源以及我们自身的创新发展优势提供了广阔平台。我们可以综合各种优势、利用多种资源打出"组合拳"，塑造国际竞争合作综合新优势。

六、借船出海的机遇

"一带一路"为中小企业"走出去"拓展海外市场创造了条件，提供了更多选择。可以借势优势产业，比如高铁、核电、工程承包对上下游都有带动作用；可以借势龙头企业，而产业园区是国际产能合作的重要抓手，也是中小企业抱团出海的良好平台；可以借势技术进步和商业模式创新，比如跨境电子商务，规模很小的企业也可以把产品远销国际市场。

七、中国跨国公司大规模崛起的机遇

我们航空母舰型的企业已很多，但大型民营跨国公司还比较少。2017年世界500强，我们入围的有115家，数量仅次于美国。可喜的是，除了原来金融、资源垄断型行业外，一些新兴产业的非公企业如腾讯、阿里巴巴、京东也上了榜单。这是很好的变化。借势新一轮产业革命，随着"一带一路"建设推进，将有更多的企业"走出去"，提升国际化水平，产生更多有国际影响力的跨国公司。

八、打造民族品牌的机遇

"一带一路"倡议提出以来，各种博览会、论坛等平台得以搭建，出国旅游和来华旅游的人数增多，还有在华举办的各种培训，来我国留学的人数也在不断增长。这为我国企业广告宣传和提升影响力创造了很好的条件。比如，外国人来中国后对我们的高铁、共享单车、电子支付等新发明印象深刻，赞誉有加。阿里巴巴正在借势进入日本移动电子支付市场，目前日本移动支付才3000多亿元人民币，根据经济规模测算，日本该市场饱和规模可达7万亿元人民币，空间很大。

第三节 "一带一路"倡议给中国评估咨询行业带来的发展机遇

改革开放40多年来，我国开放的范围、领域和层次不断扩大，全面对外开放的格局逐渐形成，越来越多的中国企业走出国门，开展对外贸易和投资，我国经济持续保持着稳定增长，已成为世界第二大经济体，外汇储备连续多年位居世界第一。纵观国家融入经济全球化发展的大局，"一带一路"倡议无疑已经成为推动形成全面对外开放格局的有力抓手。多年来，中国企业走出去取得了辉煌成就，今天更需要在全球产业链中占据更高价值的先进制造业和服务业方面发挥更加重要的作用。

作为现代专业服务业的重要组成部分，我国评估咨询行业在服务国有企业改革、住房制度改革、土地制度改革、资本市场发展和对外开放事业等方面发挥了积极作用，已成为社会主义市场经济体系的重要组成部分。随着"一带一路"倡议的深入推进，我国企业"走出去"的步伐加快、对外投资日益增多，为我国评估咨询行业在新时期、新阶段谋取国际化新发展和实现高质量发展提供了重要机遇和有利环境。

在积极参与"一带一路"建设，推动全面开放新格局逐渐形成的过程中，评估咨询行业通过为我国企业的对外投资提供并购资产价值评估、并购方案咨询、风险管理等多元化服务，充分发挥评估咨询行业在规范境外并购市场经济秩序、引导资源在全球范围内合理配置、服务境外国有资本管理和维护公共利益等方面的重要作用，从而实现行业价值和转型升级。当前，我国评估咨询行业服务全面开放有良好的基础。一方面，改革开放40多年来，我国外向型经济发展取得了巨大成就，评估咨询行业在走出国门提供评估咨询服务的过程中积累了丰富的经验；另一方面，内地与香港已经完成了房地产估价师和测量师资格互认，为内地和香港评估咨询行业携手走向国际，创造了有利的条件。当然，最重要的是"一带一路"建设加速推进带来的巨大机遇。

由于"一带一路"建设带来的沿线国内地区及域外国家新增的基础设施建设和产业投资项目，将产生大量的土地开发需求，而项目建设必然要考虑其区位布局、成本、环境、城市规划等因素，以实现成本最优，同时又要避免因市场波动、规划变动等方面带来的投资风险和不稳定情况。所以，在项目投资决策的前期甚至建成后的运营阶段，投资者都需要根据项目建设和生产经营的特点对其中的风险、收益和相应的策略进行评估，以便能够做出最恰当的决策，从而实现投资效益的最大化。因此，评估机构能够凭借其专业性，参与到相关项目的投资开发过程中来，为相关企业提供项目选址分析、投资价值评估、投资风险管理和投资运营方案等多元化服务，以帮助这些企业降低投资风险，并最大限度地实现投资效益。

在巨大的市场效益之外，评估机构自身的转型升级将得到快速推进，市场竞争力和社会知名度也将得到极大提高。

（一）从单一的传统评估服务向业务多元化转变

目前，在评估机构的业务结构中，评估业务大约占93%的比重，咨询类业务大约占7%。在服务参与"一带一路"建设的企业的过程中，传统的单纯价值评估服务显然已不能完全满足市场的需求，项目可行性研究、尽职调查与产业分析、并购方案咨询、投资风险评估和投资风险管理等咨询类服务的需求日益增多，这必将推动评估机构延长服务产业链、丰富服务内容，为客户提供综合化的解决方案和"一站式"全过程服务，推动行业综合化经营、多元化发展。

（二）行业和机构影响力提升水平国际化

参与"一带一路"建设的企业相当一部分属于国有企业，规模庞大，为推动其顺利实施"走出去"战略，开展产业有效输出或跨国投资并购等活动来和国外市场对接，实现国有资本的安全运营和国有资产的保值增值，就需要评估咨询行业充分发挥定价参考、信息导向和战略咨询等作用，提供优质专业服务。作为市场经济的通用语言，评估咨询行业已成为推动全球信息交流和资本流动不可或缺的桥梁。评估机构通过为"一带一路"建设的相关项目提供评估咨询等多元化服务，将推动评估咨询行业国际化水平极大提高，有力提升评估机构自身和评估咨询行业的知名度及影响力，有利于评估机构发展为具有国际影响力和较强综合实力的大型机构。具体体现在以下几个方面：

一、全行业的业务总量增加

"一带一路"倡议的深入推进会促使评估咨询行业的业务总量有比较迅猛地增长。"一带一路"的深入推进的一个最明显的具体体现之一，即世界市场的进一步融合。当今更清晰的表现是区域经济一体化的长足发展，跨国经营的加剧，必然导致竞争在更广泛的范围和更激烈的程度上进行，行业与企业各个层次上的并购与重组都会急剧地增加。

以新加坡为例，新加坡致力于"一带一路"沿线地区的战略合作发展，与中国签订政府合作项目"中国（重庆）—新加坡战略合作互联互通示范项目"。截至2021年3月底，在中新互联互通项目框架下，累计促成260个合作项目，总金额达338亿美元。其中累计推动中新双方签署各类商业合作项目110个、金额达207亿美元，跨境融资项目150个、金额达131亿美元。

在这些合作项目中，需要相应的评估和咨询服务，新加坡专业的评估咨询行业可以为"一带一路"倡议合作项目提供估价和咨询服务以及法律咨询服务，如缅甸的电力项目耗资3亿美元，该项目得到了毕马威等咨询服务公司的支持。通过"一带一路"倡议，新加坡评估咨询公司的业务总量从越来越多的合作项目中受益。

二、提高评估咨询行业服务质量

世界市场的融合以及企业的全球战略也向评估咨询行业提出了前所未有的挑战。因为在全球市场上进行战略投资的选择需要统一的、至少是可比的价格标准，而国际评估咨询行业虽然经过多年的努力已在不少领域达成了共识，但目前尚未形成一个完善的统一准则体系。"一带一路"倡议的发展无疑会成为推动国际评估咨询行业标准进一步完善的巨大推动力。

三、促使评估咨询行业加速进入成熟期

行业的成熟阶段是一个相对较长的时期。在这一时期里，在竞争中生存下来的少数大型评估咨询机构将会垄断整个行业的市场，每个机构都占有一定比例的市场份额。由于彼此势均力敌，市场份额比例发生变化的程度较小。评估咨询机构与产品之间的竞争手段逐渐从价格手段转向各种非价格手段，如提高质量、改善性能和加强后期服务等。产业的利润由于一定程度的垄断达到了很高的水平，而风险却因市场比例比较稳定，新企业难以打入成熟期市场，其原因是市场已被原有大型评估咨询机构比例分割，产品的价格比较低。因而，新评估咨询机构往往会由于创业投资无法很快得到补偿或产品的销路不畅，资金周转困难而倒闭或转产。

这一时期的特征表现为市场增长率不高，需求增长率不高，技术上已经成熟，行业特点、行业竞争状况及用户特点非常清楚和稳定，买方市场形成，行业盈利能力下降，开发更为困难，行业进入壁垒很高。

四、促进评估咨询行业国际化发展

"一带一路"是构建开放型经济新体制的重大举措。2015年9月，中共中央、国务院发布了《关于构建开放型经济新体制的若干意见》，明确指出要重点实施"一带一路"倡议、京津冀协同发展战略和长江经济带战略，推动东西双向开放，促进基础设施互联互通，扩大沿边开发开放，形成全方位开放新格局。这将使得我国对外开放的地理格局发生重大调整，对我国参与经济全球化具有重大深远的意义。

国际化评估咨询行业在"一带一路"倡议中大有可为。评估咨询具有价值发现、价值管理和价值引导功能，对实现资源合理配置和维护经济秩序具有不可或缺的作用，伴随着"一带一路"国家战略的推进，中国企业"走出去"和对外投资的不断推出，评估咨询行业在规范境外并购市场经济秩序、引导资源全球范围内的合理配置、服务境外国有资本管理、维护公共利益等方面也将发挥出重要的作用。各沿线国家应当积极发展评估咨询行业，尽快熟悉"一带一路"国际化合作模式，更好地为各个国家提供具有针对性的专业评估咨询服务。

近年来，在"一带一路"政策支持下，越来越多沿线国家的企业走上了全球化发展道路，境外并购数量明显增加。其中，交易价格是双方博弈的关键，交易定价是核心环节。评估机构作为独立第三方中介机构，通过采用科学、合理的方法对并购资产价值做出客观、公正的判断，为并购交易双方提供较为公允的价值尺度，保障境外并购顺利进行。然而，一些沿线国家评估咨询行业尚未形成完整的监管程序，所应用的会计准则和规章制度没有与国际标准接轨，尤其是在境外并购业务方面，双方很难在资产价值评定中形成统一的结论，一定程度上阻碍了"一带一路"的商业合作。为了更好地突破这一障碍，各国评估咨询行业有必要进行深入的学术交流，形成统一的行业规范与制度，促进各国评估咨询行业的国际化发展。

"一带一路"倡议在经济全球化深入发展和国际政治形势错综复杂的背景下应势而出，沿线国际评估咨询行业必须加快培育一批具有国际竞争力的评估机构，一支具有国际视野和专业水平的评估人员队伍，为"一带一路"倡议实施提供更全面、更优质、更有力的专业服务。各国评估机构和评估专业人员要顺应本地经济深度融入世界经济的时代大潮，秉承开放发展、合作共赢的发展战略，积极延伸国内外服务链条，探索创新与"一带一路"各沿线国家之间的评估机构合作方式，为利用外资、境外投资、国际合作区建设、海外工程承包等提供专业服务，为实现评估咨询业"一带一路、互联互通"发展做出积极贡献。

为了更好地为"一带一路"沿线国家提供具有国际化水准的评估咨询服务，沿线国家评估咨询机构的合作非常重要。作为亚太区域性房地产咨询顾问组织的市场领导者，VPC亚太联盟可以为"一带一路"倡议做出很多贡献。VPC亚太联盟成立于2004年3月26日，2011年与英国特许测量师Cluttions LLP达成战略联盟。VPC亚太联盟由每个代表着不同亚洲国家的VPC成员组成，目前拥有来自11个亚洲国家的成员组织，有中国（包括香港）、印度尼西亚、新加坡、日本、泰国、马来西亚、印度、越南、菲律宾、柬埔寨、文莱，员工总数超过2000人，全面服务于"一带一路"沿线国家，提供综合物业顾问和评估服务，并推动VPC成员之间的跨境投资和专业服务。

国众联集团作为中国VPC的代表成员，目前已形成深圳、华北、华南、华东、西南、华中等六大区域中心，衔接港澳，分支机构基本覆盖长三角、珠三角；客户遍布全球，远至美国、英国、法国、德国、俄罗斯、土耳其、阿拉伯联合酋长国、加蓬等，近至日本、新加坡、老挝、越南、印度尼西亚等。国众联集团顺应当前评估国际化的发展趋势，加强国际战略合作，在互利互惠的基础上，实现资源共享，充分发挥本国的资源优势，推进与"一带一路"沿线国家在评估领域的合作，达到互利共赢共同发展。

第28届VPC亚太区域会议

第四节 "一带一路"倡议给中国带来的挑战

一、地缘政治风险

"一带一路"沿线地区是全球大国的利益集聚地，充斥着大国博弈。区域内大国也缺乏政治互信和战略互信，对合作存在抵触，国家的战略态度难免会影响到经贸合作。

二、竞争加剧的挑战

全球贸易保护主义重来，民粹主义抬头。发达国家强化了技术封锁。前段时间，欧盟加强了对我国企业在欧盟的并购审查，美国最近启动了"301条款"对我国的调查。发展中国家加强了市场保护，一些国家、部分行业的准入条件变得苛刻，在劳工、环境标准、安全审查等方面设置重重障碍。

三、矛盾冲突风险

"一带一路"沿线部分国家和地区被世界成为著名的战略不稳定弧。集聚了战略对抗、价值观分歧、种族矛盾、宗教冲突等诸多矛盾和不稳定因素。《战狼2》虽是一部电影，但反映出部分高危地区的现实情况：政府军无法控制局面，反政府军、雇佣军肆意妄为，对我们的工厂生产和人员安全带来了很大威胁。

四、文化多样性与文化差异带来的挑战

"一带一路"沿线国家仅官方语言就有50多种，不同国家有不同的人文风俗和商业行为习惯，还有的以宗教教条为基础。商业合同与国内存在很大差异，有不少我国企业忽视这种差异遭遇了滑铁卢，导致巨额亏损。

第五节 "一带一路"倡议给中国评估咨询行业带来的挑战

一、沿线国家的语言文化存在差异化

"一带一路"愿景与规划的实现需要以语言为基础。语言相通,才可能谈及经贸往来、文化交流、文明互鉴、民心相通。因此,建设"一带一路",必须语言先行。据初步统计,"一带一路"沿线的 64 个国家使用的语言约 2488 种,占人类语言总数的 1/3 以上。境内语言在 100 种以上的国家就有 8 个。面对如此复杂多样的语言状况,想要实现沿线各国间的语言互通,就必须厘清各个国家的语言国情。

案例:广东 ** 食品科技有限公司拟编制广东 ** 生物技术有限公司模拟报表涉及云南 ** 可生物技术有限公司资产组组合市场价值

评估思路:资产基础法评估是以资产的成本重置为价值标准,反映的是对资产的投入所耗费的社会必要劳动(购建成本)。

在评估过程中遇到首要的问题是语言问题,其次是实物资产评估问题。设备所在地购置税费制度存在差异,和国内相比,购置生产经营用的设备需要缴纳的税费因每个国家的不同可能存在差异,比如欧美国家,不存在增值税,存在消费税。而不同国家的车辆购置税费,以及达至可以正常上路行驶状态下,需要缴纳的相关费用有可能均有差异;

针对实物资产里面的房产、设备在跨国执业上。由于评估人员对被评估对象在当地市场价格的调查,乃至询价途径的获得均会受到限制。在获得合理的可比案例、评估对象的重置原值上,存在一定难度。

针对上述问题解决思路:针对英语,在英语是非母语的国家,可以放下心理包袱,对方的英语教育背景大部分和我们国内所接受的相近,大胆表达即可,词汇及语法的使用相对不那么严谨。对于英语是母语的国家,语言要求相对较高,需要平时的专业积累。并且语言只是沟通的其中一座桥梁,遇到语言沟通不到位情况,借助其他方法和工具比如手势、画图、手机翻译等都可以达到沟通的效果。

设备所在地税费制度存在差异的问题:首先获取历史成本的购置明细,分析构成其账面值除了裸机购置价外,还包含哪些相关费用。然后通过访谈被评估单位在当地的对

接人以及在对接人的带领下访谈相关专业人士，比如当地会计师和相关机构，印证历史的税费至基准日是否有更新，合理确定设备的重置原值。

实物资产询价途径受限的问题：普通设备可以通过 E-bay，亚马逊等全球贸易网站询价。对于专用设备，难以通过国外一般网站获取市场价格，尝试将全球模拟成一个整体市场。在国内购置一台同类的设备，模拟交易过程中需要承担的运费、保险费、关税等费用，确定重置原值后，分析其合理性，确定评估值。

对于海外的房产，避免回国调查难度的加大，在当地马上调查当地的房地产网站，先确定选取的可比案例。随后通过被评估单位对接人带领，进入当地的房产中介机构调查，在有条件的前提下，参照被评估对象近期的房地产估价报告，多方印证可比案例的合理性，确定评估值。

项目经验归纳与总结：在国家顶层合作倡议下，中资的进入必然会激发国内评估咨询行业的业务发展，提升评估行业的国际地位。"一带一路"里面，在发展中国家的执业过程中，面临的可能是一个特殊，甚至是不完善的财政、税收乃至信息采集系统等，这样就有异于国内惯用的评估思维。承接项目的前期，调研工作中了解地方政税惯俗，预判项目面临的问题，协调各方部门，安排合适的人员等显得尤其重要。这样是一个同步完善我们海外的评估框架，亦间接推动两国政制管理提升的过程。

二、沿线国家的法律体系存在差异化

"一带一路"沿线国家与地区法律体系多样，既有大陆法系，也有英美法系。此外，与基础设施发达程度参差不齐的现状一样，"一带一路"沿线不少国家的立法也不够健全，标准缺失，给承包工程项目的评估工作和具体实施造成障碍，例如，往往因为法律和标准不完善或不清晰，容易以一些原则性标准来否决项目,如维护人民的利益、生态环境等。

"一带一路"沿线国家的法律体系特点各异，很多国家受宗教影响明显。比如，沿袭欧洲大陆国家的属于大陆法系，其中俄罗斯及其他东欧国家较为特殊，虽然也属于大陆法系国家，但独特的历史导致与其他大陆法国家存在差异。沿线国家中沿袭英国、美国、加拿大、澳大利亚等国家属于普通法系；阿拉伯国家及伊朗属于阿拉伯法系；伊斯兰国家属于伊斯兰法系。除了法律制度本身外，部分沿线国家的法律体系很大程度上还受到宗教影响，但即使拥有同样宗教背景的国家，法律体系也可能差异颇大。例如，同为伊斯兰国家，土耳其由于所处地理位置和早期对西方法律体系的吸收，法律体系不同于其他大多数伊斯兰国家，总体上仍然是大陆法系，有较为完善的贸易法规、外国投资法规等，因而是中国企业走出去的热点国家。

各国投资环境和法律体系的复杂性与差异性，逐渐成为制约"一带一路"建设向纵深推进的一大瓶颈。因此，为了更好地服务企业在"一带一路"沿线国家中进行跨境投资等商业活动，评估咨询行业从业人员必须事先了解该地区相关的法律法规，合理评估，提供建议，为咨询服务对象起到保驾护航的重要作用。一般来说，投资"一带一路"沿线国家需要主要考察的法律因素有：该国与我国是否有条约，尤其是投资保护条约；该国的外商投资法律和政策；劳工政策；外汇政策；税收政策等。随着特别经济区和自由贸易区的兴起，对外投资时还应特别考察东道国是否设有自由贸易区，自由贸易区是否给予投资者更加便捷、优惠的投资政策。

下面以作者所在单位所从事过的海外资产评估为例，讲述此类问题。

案例：上海 A 公司拟对合并"LS 股权"形成的商誉进行减值测试所涉及的商誉相关资产组预计未来现金流量现值

评估思路：根据会计准则，收购资产组需要每年终了时进行商誉减值测试。

评估人员需要通过评估程序了解企业情况，预测标的公司在无限年期里的税前自由现金流量，然后再依据企业所在地的相关参数，计算出口径一致的税前 WACC（加权平均资本成本）对未来现金流量进行折现，计算含商誉资产组的未来现金流量。

在评估过程中存在的主要问题如下：

（1）技术参数的选取

被评估资产组的持有单位位于境外，境外折现率的核心参数与国内数据不一致，获取权威数据的渠道与国内也有差异。而折现率又是收益途径中最重要的参数，需要核实企业的税务政策、信用政策以及国外同类企业的相关参数。

（2）资产组的确定

商誉对应的资产组是商誉减值测试的基础，需要与商誉资产持有单位的管理层全面解释含商誉资产组的概念，让他们对资产组进行剥离与区分。将并购后新增的与商誉资产组无关的资产进行剔除后再申报。

针对上述问题，评估师提出的解决方案如下：

（1）技术参数的核算

通过国内与国外政府网站、专业机构网站，如穆迪机构、政府统计信息公布网站、税务信息公布网站进行一一访问查询。辅助国内的专业软件，如 wind 资讯等进行数据选取，确保底层数据准确，再经过测算与复核方可采用参数。

（2）资产组的确定

在企业管理人员确认资产组后，评估人员对资产的使用范围、资产的经济循环进行了充分核实与询问，确保申报资产是与商誉相关的资产。同时通过评估程序对资产进行核实，确保资产的真实性与完整性。

海外资产评估项目评估技术与国内的思路是保持一致的，但是海外项目的特殊性决定了，充分的沟通会更为重要。境外的法律法规与境内有差异，在评估过程中的核心参数，例如税率，需要充分知晓对方的税收政策。在执行本项目时，我们要求企业带领我们与他们企业的年度税审服务机构进行了充分的交流，了解了企业的核心税收政策，确保我们数据的准确。

三、沿线国家的会计准则与评估标准存在差异化

不同国家采用不同的会计原则。"一带一路"沿线国家会计准则有10多种。在"一带一路"倡议下，参与跨境投资的企业将面临会计准则信息不匹配的风险。这要求评估咨询行业的从业人士去帮助服务对象缓解这些风险和挑战，并为他们提供宝贵的建议。如跨境并购交易等涉及一个以上国家这类的估值和咨询业务，会计和税务问题必须谨慎处理。

另外，每个"一带一路"沿线国家都有自己的估值标准和估值框架。以马来西亚为例，在马来西亚进行的任何估值均以马来西亚估值师委员会发布的马来西亚估值准则（第6版）为指导，并且公开上市的估值受马来西亚证券委员会上市要求的指导。因此，在马来西亚进行估值时，必须遵守马来西亚估价标准作为基本要求。同样，在其国家进行的任何估值都必须符合其国家自己的估值标准，这对评估从业人员的专业素养要求大大提升，积极培养具有国际视野、通晓国际规则、善于处理涉外事务、能够参与国际合作与国际竞争的高端复合型人才，将成为"一带一路"沿线国家评估行业的重要任务。

案例：上达电子（深圳）股份有限公司拟进行股权收购所涉及的FLEXCEED株式会社股东全部权益价值资产评估项目

在评估过程中，遇到的问题是语言不通、缺乏对当地人文环境的了解，不了解当地的法律法规，不了解当地的税收政策，如税种、税率、会计准则存在差异。

解决思路：

（一）当地的法律法规和经济环境

评估时要了解当地政府是否支持被评估的产业。当地的投资政策，对行业、股东是否有限制。当地是否对股东的国籍有要求。由于被评估单位股东由日资改为中资，原发放贷款的日本各家商业银行解除了被评估单位的贷款合同，众所周知日本银行贷款利率非常低，解除合同以后被评估单位只能更换融资渠道，改为在中国银行日本分行进行借款。借款利率由原来的0.1%～0.5%，猛增到3.5%。如果采用收益法评估利率变化太大无疑会对结果产生重大影响，此次未采用收益法进行评估。

被评估单位当地的经济环境外汇、敏感物资、土地、建筑工程，所搜集到的价格信息都是日元，要充分了解日元汇率的走势。另外日本的工程造价定额定量，要高于国内，日本设备和建筑的使用寿命较长。对于日本来说技术淘汰的二手设备，外观成新度还很高。对于日本来说是淘汰的技术，但对于发展中国家来说有可能是还没有掌握的先进技术，所以在判断资产的经济性贬值时要结合当地的经济和科技发展水平以及产品所在地的经济和科技发展水平。

当地特殊政策影响，资产权属的认定。比如有些资产权属证明的形式可能以契约而并非证书的形式存在。

在发生权属认定困难时，评估人员应当在充分分析当地政策法规的前提下，明辨有效权证。在涉及持有方式特殊的财产权利时，应当从资产、价值理论的根本出发，合理客观地分析财产权利人对财产能够享有的权利。

税收政策通过查阅审计报告和与会计师交流，税费税率通过跟企业的交流获得，日本跟国内差异较大的固定资产税，除了房地产要交固定资产税，机器设备也要缴纳财产税。日本消费税类似我国的增值税。日本的主要税种有法人税、所得税、消费税、汽车税、印花税、固定资产税。对于被收购的外国企业，税率如果低于中国，投资收益可能涉及补征或者重征。

（二）会计准则的差异

日本的会计准则和中国会计准则趋同但又有差别，好在对境外项目会计科目费划分上，基本上都能达到一致。

日本是允许加速折旧的，中国也可以加速折旧，但是一般中国企业不常用，加速折旧对做收益法是个挑战，还好此次没有采用收益法进行评估。

关于会计期间，日本企业可以自由选择会计期间，本次评估被评估单位选择的会计期间是4月1日至次年3月31日。和国内会计期间不一致我们在报告里如实反映即可。

会计科目，当部分科目理解不一致时我们可以进行重分类，好在中国对会计准则和国际趋同以后，会计科目差异不大，少部分的重分类不影响报告使用人的理解。

（三）生产线的评估

×××生产线是被评估单位一条重要生产线由近400台单台设备组成，全世界只有4家公司有×××生产线，分别是韩国两家公司、中国台湾一家公司以及日本的被评估单位。市场上难以寻找有效的3个案例，难以采用市场法计算。生产线设备不能单独产生现金流，收益法也难操作。

跟被评估单位的母公司沟通，了解到被评估单位的母公司正在江苏省安装建设一套×××生产线，根据评估人员对被评估单位的设备和新建生产线设备逐一核对，分析产能、性能、能耗、操作人员、占地面积、单位材料损耗、效率等多方面分析后对差异进行系数调整，乘以成新率获得最终评估值。

（四）日本房地产的评估：本次评估日本房地产采用成本法评估

本次未采用市场法，由于语言不通，做市调可以获得价格，但难以取得房屋建筑物具体情况，无法使用修正系数。

对当地的生活习惯不了解，需要调查当地消费者对被评估资产的消费心理、消费习惯，有可能涉及当地的国家习惯、民族习惯（例如选择房屋朝向及环境等）。由于语言障碍做了部分市调，但不足以作为评估依据，相关市场法的测算作为底稿可以作为评估结论的验证。

自用的工业厂房也不适用收益法，本次评估采用成本法评估。成本法相关参数取自日本银行公布的统计数据。

项目经验归纳与总结：①评估师掌握一门外语很重要；②出门前做好功课很重要。了解国外政治、经济、政策、法规、税收税率和资产权属认定、风俗习惯等；③用已掌握的数据和资源灵活选取评估方法。由于条件限制部分评估依据无法获取，或者说短时间内无法获取。灵活选取可行的，可以收集的证据，具体问题具体分析，收集的资料达到完成评估报告的目的。

四、沿线国家的企业管理能力存在差异化

不同区域、不同国家，其企业管理能力也存在一定的差异，这样对评估师跨国评估带来了技术沟通、历史资料获取等方面带来了一定的挑战。

案例：深圳市远望谷信息技术股份有限公司商誉减值测试涉及 FE Technology Pty Ltd 资产组评估

评估思路：上市公司远望谷（002161 SZ）曾在海外收购过多个海外公司，而根据会计准则，这些被收购公司需要每年做一次商誉减值测试。其中，此次的标的公司是坐落于澳大利亚的吉龙（Geelong）的 FE Technology Pty Ltd。我们预测标的公司在有限年期里的税前自由现金流量，然后再依据税前 WACC 进行折现，再扣除负债并加减一系列的非经营资产或负债得到在商誉减值目的下的股权价值。标的公司主要为澳洲及少数海外国家的政府图书馆、大学图书馆、地方图书馆涉及借书还书的硬件设备，并每年卖给客户相关的维修维护套餐。

在评估过程我们遇到的业务问题：核心销售团队人事更迭较快，销售团队多不在 Geelong 本地，且部分销售高层在海外。基本只能从 CEO 口中获得关于在手订单、协议等相关信息，但这样得到的信息有可能并不公允，也一定程度上阻碍评估师对外来销售收入数额的预计。

技术方面问题：

（1）我们并不太熟悉澳大利亚，或者弗吉尼亚州的地政情况，而吉朗地区的物业买卖并不频繁，虽然我们也有一些土地和建筑物交易的网站，但我们并不确定其叫价和真实成交价之间有多大的水分。

（2）澳洲的交易市场并不活跃，归属科技硬件类别的公司并不多，而且有不少公司存在停牌、过低交易量、成交价极低等情况，不太容易找到合适的可比公司。

（3）产品更新迭代可能很快，而不同国家的客户对其产品的黏性程度有所差别。比如其大部分客户来自新西兰，新西兰本土没有可以跟 FE 抗衡的产品，则其黏性很强，但是在未来的欧洲、美洲市场，其客户到底是黏性很强还是昙花一现，很难度量，这和当地产品的迭代速度有关，也跟 FE 本身"护城河"的深度有关，也跟销售代表的业务能力有关。所有的跨境业务都存在这种问题，就算有在手订单，我们也很难估计其黏度。

针对上述问题我们采取的措施有：

（1）业务方面问题的解决方法。尽可能安排CEO和各地销售主管都参与到我们的访谈当中，考虑到销售主管总是第一时间了解到最新销售动态，而CEO和财报总是会延迟体现。对销售主管的采访也要循循善诱，尽可能地聆听到更多隐性消息。另外，其实CEO手里很多他们内部使用的表格，无论是财务预算层面的还是人事层面的，虽然他都并不是很有意愿提供，但在评估师感化的状况下还是能顺利拿到很多信息，让我们更完整地看到标的公司内在情况。

（2）技术方面问题的解决方法。

1）如果有任何的财务尽调、法律尽调的报告在手的话，首先要这种报告。关于当地的地政信息，一方面仰仗客户财务部提供，另一方面跟审计团队互相达成信息传递。地政捆绑税制，在其自己持有的地契、出让合同等材料或许能看到更多资料，而时间允许的情况下应该实地考察一下可比物业，避免在钓鱼网站上搜集可比物业。

2）本身这个报告我们是用收益法做的，但是客户也需要我们出个投资价值报告，所以我们也使用了市场法来观察，澳洲上市的可比公司。其中有一些公司是高端耳机制造等。我们也许也可以选取其中一些较为相似的案例，如果对方也是在澳洲占有率前二，且有销售渠道的话，只要模式相仿，竞品格局相仿，那本质上也是比较接近的。澳洲交易市场不算活跃，或许不存在A股那种板块轮动快的情况，评估师还是要审慎地分析可比公司股票的市场价到底能否反映其真正经营状况。

3）对海外市场的预计要极其审慎，尤其是小名气的公司试水国外市场的情况下，一方面要对现有订单的历史续签程度有个估计，另一方面让客户证明他谈下来的这些海外的政府图书馆/大学图书馆确实会长期使用他们的产品等。如果当地竞品较多的话，评估师对其增长率要自行打折。

项目经验归纳与总结：

（1）在做海外项目的时候，必须研究先行，对于当地房地产政策/地政、税法、工商、当地股票交易所的上市规则等都必须有一个较深的了解。这一点也可以通过评估公司本身的研发报告，也可以依赖于其他外资大行/大事务所/大律所等出的相关实务操作指南。因为我们的专业度是品牌进军海外初步印象建立的一个重要环节，如果太多信息都是靠客户提供，注定不会被认为可信。而研究工作又是一个非常要求准确性的工作，需要按国别分别编写整理，提前很久就开工，且能够每几个月更新内容，这样才能形成一个新版的指引手册。这些要投入的时间成本很多，也需要专业人士在海外规管方面下功夫耕耘，但这又或许是中国评估公司成功"出海"的硬件。

（2）"一带一路"里面会遇到很多发展中国家，发展中国家对土地开发、工程预算、建后经营甚至企业管理上都可能欠缺经验。评估师可能要兼做管理咨询的角色，除了在前期这种土地房产的项目上给客户一个预算或者开发方案，也要在项目落成后从公司治理、营销、人事、财务上给出一个接地气的管理咨询包。

（3）跟海外人员的交流上始终有可能是评估人员按照自己的惯性思维提出A、B、C这样的问题，但是客户不仅知道A、B、C，他还知道D、E、F。评估人员应该诱导客户说出D、E、F这样的隐藏信息。因为有些国家特别，我们评估师用的常规逻辑可能在目标国家下并非合适，所以评估师要避免自己刚愎自用。

我国评估机构应积极融入国家全面开放新格局，参与"一带一路"建设，开拓国际市场，推动评估机构多元化、综合化和国际化发展。一方面，需要进一步强化开放意识和国际观念，及时把握国际经济和国际评估咨询行业发展新动态、新趋势，充分利用开放型经济建设为评估咨询行业发展带来的新机遇，结合行业改革和发展创新，努力为评估服务"走出去"营造良好的制度和政策环境；另一方面，要重视和积极加强国际评估业务的理论与实践研究，推动评估理论和实践与国际接轨；此外，要注重强化国际化评估专业人才及管理人才的培养，只有培养大批具有国际执业能力的复合型高水平专业人才，我国评估咨询行业才能逐步占据国际评估市场高地。

第六节 把握"一带一路"机遇提出的几点建议

一、提供"一带一路"沿线国家的政治、经济与法律相关辅导与专题分享

针对"一带一路"倡议背景下，评估咨询行业从业人员应熟悉了解其他地区评估咨询行业与我们有什么异同，这样才能更好地克服地区差异带来的政治、文化、执业标准带来的困难，这里面，海外项目以我们现在的准则很难去完全覆盖，因此一方面评估人员平时应当积极查阅有关于当地政治、经济、法律方面的文件资料进行研读，形成丰富的经验积累和知识储备。另一方面，行业协会应该是发挥自身的协调和引领职能，组织评估机构共同学习和讨论，邀请国外专家宣讲该地区的经济和法律政策，并印发相关专题资料供会员学习。下图是由国众联集团主办的"新时代 新阶层 新作为——评估国际化的机遇与挑战"论坛在广州白云国际会议中心举行，亚太地区专家学者和评估专业

人士 800 多人参会，柴强博士也作为主要嘉宾做了重要发言。

国众联集团组织"新时代新阶层新作为——评估国际化的机遇与挑战"论坛

二、尽早出台"一带一路"评估项目中相关技术的指引性政策

"一带一路"政策实施过程中企业境外投资业务充满多样性和复杂性。评估机构可能会面临一些新的技术问题和相关难点。尽早出台"一带一路"评估项目中技术难点的指引性政策，指导评估机构境外业务的顺利开展，并与国际评估实践相接轨。

比如几年前，有企业委托国众联集团做尼泊尔塞蒂专区的一片受少量镉污染的荒地上的垃圾处理厂评估，项目负责团队了解到当地的成交案例资料基本上没有，关于重金属污染程度对地块折价的影响我们也很难直接引用中国现有的一些文献和数据。受此影响，国众联集团认为目前的评估技术很难完成该项目，遂中止了该项合作，所以尽快出一个相关技术指引也是十分必要的。

三、搭建"一带一路"资源共享平台

在"一带一路"这个群雄并起、机遇与挑战并存的大舞台上，为了提高我国评估行业的整体专业素质和能力，使中国评估咨询行业在"一带一路"政策的实施过程中成为各地区评估咨询行业的"领军者"，协会可以积极组织国内不同评估机构之间的交流，并搭建"一带一路"资源共享平台。

四、制定评估项目的风险管理与防范相关文件

面对"一带一路"倡议背景下开展境外评估业务可能面临的风险，包括自然风险、社会风险、政治风险、经济风险、技术风险、财产风险、信用风险等，我们也需要有相应的应对措施。

举例来说，国众联集团曾接手一个业务，是给柬埔寨一处产权瑕疵较大，随时有可能被政府无偿征收的村属地块上的棕榈林和附属棕榈加工厂进行价值评估。因为该地块原属于柬埔寨王室宗亲，上届政府和柬埔寨王室探讨征收后又由于各种原因没能实施，棕榈地所在省又欠缺土地征收法规，导致棕榈地皮存在随时被省政府征收的风险。最后因为产权瑕疵原因，国众联集团中止了对该棕榈林和附属建筑物的评估。

五、有计划地培养一批国际化人才

评估机构要"走出去"，需要有更多的海外留学背景的、有志投身评估咨询行业的青年才俊，整体提高行业人员素质。

国众联集团在2015年成立了香港子公司，所属团队来自香港本地，员工均为海外毕业。这些员工熟练英美系的各类资产评估，对英国、美国、中国香港、中国澳门、东南亚等地的法律法规、评估准则、审计税务了解得都更为深刻，为我们评估团队的人才多层次建设贡献了很大力量。

六、将现行的规范与国际标准相衔接

一些"一带一路"沿线国家评估咨询行业尚未形成完整的监管程序，我们国内企业应该有一套相对应的体系。

比方说2020年由中国房地产估价师与房地产经纪人学会委托，国众联集团承接并主导研究的《粤港澳大湾区房地产估价标准研究》课题，本课题针对粤港澳三地房地产估价行业发展不同步、估价标准不统一的现状问题，课题组在对粤港澳三地组织调研，提出了统一的《粤港澳大湾区房地产估价技术标准》与《粤港澳大湾区房地产估价职业道德标准》。标准计划在澳门率先试行，随后陆续在大湾区其他地区施行。

《香港测量师学会评估标准2017》只有英文版，国众联香港公司对该标准进行了详

尽的翻译，为大湾区估价行业标准的制定奠定了坚实的基础。大湾区估价行业标准的制定在寻求三地规范性上的"最大公约数"时，也保留了各地规范的一些特色，诸如内地规范上对计算和参数的明确要求，和香港、澳门对评估项目独立性和约定项目合同的明确性的要求，都做了适当保留。

课题组尤其关注内地和香港的房地产评估准则，在估价术语、估价基础、程序、假设、三种评估方法、报告、道德标准等都做出了详细的比较分析。《香港测量师评估准则》的制定是参考了《国际评估准则》和《香港会计准则》而制定的，它既提纲挈领地规范了会员的职责，明确会员应做和不应做的事项，也对评估的方法、评估合同、报告等进行了规范。

七、加强从业人员职业道德建设

行业主管部门要通过建立职业道德标准来规范专业技术人员的行为，保证为客户提供专业、客观、公正的咨询服务。《粤港澳大湾区房地产估价标准研究》课题也提出了《粤港澳大湾区房地产估价职业道德标准》，标准一共包括6章29条，包含有总则、基本遵循、技术素养、独立性、职责义务、附则6章，为规范粤港澳大湾区房地产估价机构及其房地产估价专业人员职业道德行为、提高职业素质、维护职业形象、促进房地产估价行业的发展提出了指导性意见。2020年3月，受中国房地产估价师与房地产经纪人学会委托，国众联研究院承接并主导研究了《粤港澳大湾区房地产估价标准研究》课题。本课题针对粤港澳三地房地产估价行业发展不同步、估价标准不统一的现状问题，课题组完成了课题报告，提出了《粤港澳大湾区房地产估价技术标准》与《粤港澳大湾区房地产估价职业道德标准》，我们将此两份标准中英文版本作为本书附件供读者参考。标准的最终版本由中国房地产估价师与房地产经纪人学会最终确定。

附件

附件 1

粤港澳大湾区房地产估价技术标准

第一章 总则

第一条 为规范粤港澳三地房地产估价活动，保证房地产估价质量，制定本规范。

第二条 本规范适用于房地产估价活动。

第三条 房地产估价除应符合本规范外，尚应符合国家现行有关标准的规定。

第二章 基本要求

第四条 估价师（测量师）执行房地产估价业务，应当遵循下列原则。

1. 独立、客观、公正原则；

2. 合法原则；

3. 价值时点原则；

4. 替代原则；

5. 最高最佳利用原则。

第五条 估价师（测量师）执行房地产估价业务，应当具备房地产估价相关专业知识和相应的房地产估价经验，具备从事房地产估价的专业胜任能力。

第六条 估价师（测量师）执行房地产估价业务，应当明确估价对象，根据估价目的等相关条件选择适当的价值类型，恰当运用估价方法，形成合理的估价结论。

第七条 估价师（测量师）执行房地产估价业务，应当关注房地产的权属，要求委托方对房地产的权属做出承诺。估价师（测量师）应当对房地产的权属资料进行必要的查验。

第八条 房地产估价应当在估价对象符合使用管制要求的情况下进行。对于房地产使用的限制条件，应当以有关部门依法规定的用途、面积、高度、建筑密度、容积率、年限等技术指标为依据。

第三章 操作要求

第九条 房地产估价目的包括房地产转让、抵押、租赁、保险、税收、征收、征用、企业产权变动，以及财务报告目的等。

第十条 估价师（测量师）执行房地产估价业务，应当全面了解房地产的实物状况、权益状况和区位状况，掌握估价对象的主要特征。

第十一条 估价师（测量师）执行房地产估价业务，应当根据估价目的和房地产具体情况进行合理假设。

第十二条 估价程序包括但不限于以下内容：

1. 受理估价委托；

2. 确定估价基本事项；

3. 编制估价作业方案；

4. 搜集估价所需资料；

5. 实地查勘估价对象；

6. 选用估价方法进行测算；

7. 确定估价结果；

8. 撰写估价报告；

9. 审核估价报告；

10. 交付估价报告；

11. 保存估价资料。

第十三条 估价师（测量师）执行房地产估价业务，应当关注房地产的相邻关系、租约限制和动产对房地产价值的影响。

第十四条 估价假设和限制条件一般包括一般假设、未定事项假设、背离事实假设、不相一致假设、依据不足假设、估价报告使用限制等

第十五条 房地产估价机构应及时整理和保存估价资料，具体保存时限根据国家及各地具体要求。

第四章 评估方法

第十六条 估价师（测量师）执行房地产估价业务，应当根据估价对象特点、价值类型、资料收集情况等相关条件，分析比较法、收益法、成本法、假设开发法、基准地价修正法等估价方法的适用性，恰当选择估价方法。

第十七条 估价师（测量师）采用比较法时，应当收集足够的交易实例。收集交易实例的信息一般包括：

1. 交易实例的基本状况，主要有：名称、坐落、四至、面积、用途、产权状况、土地形状、土地使用期限、建筑物建成日期、建筑结构、周围环境等；

2. 成交日期；

3. 成交价格，包括总价、单价及计价方式；

4. 付款方式；

5. 交易情况，主要有交易目的、交易方式、交易税费负担方式、交易人之间的特殊利害关系、特殊交易动机等。

第十八条 用作参照物的交易实例应当具备下列条件：

1. 在区位、用途、规模、建筑结构、档次、权利性质等方面与估价对象类似；

2. 成交日期与评估基准日接近；

3. 交易类型与估价目的吻合；

4. 成交价格为正常价格或者可修正为正常价格。

第十九条 估价师（测量师）运用比较法时，应当进行区位状况调整、实物状况调整和权益状况调整。

第二十条 估价师（测量师）运用收益法时，应当了解：

1. 房地产应当具有经济收益或者潜在经济收益；

2. 房地产未来收益及风险能够较准确地预测与量化；

3. 房地产未来收益应当是房地产本身带来的收益；

4. 房地产未来收益包含有形收益和无形收益。

第二十一条 估价师（测量师）运用收益法时，应当合理确定收益期限、净收益与折现率。

1. 收益期限应当根据建筑物剩余经济寿命年限与土地使用权剩余使用年限等参数，并根据有关法律、法规的规定，合理确定；

2. 确定净收益时应当考虑未来收益和风险的合理预期；

3. 折现率与房地产的收益方式、收益预测方法、风险状况有关，也因房地产的组成部分不同而存在差异。折现率的口径应当与预期收益口径保持一致。

第二十二条 运用收益法时，有租约限制的，租约期内的租金宜采用租约所确定的租金，租约期外的租金应当采用正常客观的租金，并在估价报告中恰当披露租约情况。

第二十三条 估价师（测量师）运用成本法时，估算重置成本时，应当了解：

1. 重置成本采用客观成本；

2. 房地产重置成本采取土地使用权与建筑物分别估算、然后加总的评估方式时，重置成本的相关成本构成应当在两者之间合理划分或者分摊，避免重复计算或者漏算。

第二十四条 估价师（测量师）应当对房地产所涉及的土地使用权剩余年限、建筑物经济寿命年限及设施设备的经济寿命年限进行分析判断，合理确定房地产的经济寿命年限。

第二十五条 估价师（测量师）应当全面考虑可能引起房地产贬值的主要因素，合理估算各种贬值。建筑物的贬值包括实体性贬值、功能性贬值和经济性贬值。确定建筑物的实体性贬值时，应当综合考虑建筑物已使用年限、经济寿命年限和土地使用权剩余年限的影响。

确定住宅用途建筑物实体性贬值时，应当考虑土地使用权自动续期的影响。当土地使用权自动续期时，应当根据建筑物的经济寿命年限确定其贬值额。

第二十六条 估价师（测量师）根据估价对象特点、估价目的及价值类型等，不能采用上述比较法、收益法及成本法进行估价时，可根据国家及地方标准要求另行选择合适的估价方法确定估价对象的价值。

第五章 报告要求

第二十七条 估价结果应包括评估价值和相关专业意见。

第二十八条 估价报告应采取书面形式，并应真实、客观、准确、完整、清晰、规范，具体要求可参考国家及当地要求。

附件 2

粤港澳大湾区房地产估价技术标准

（英文版）

Guang dong, HongKong, Macau Valuation Technical Standard

Chapter 1　General Provisions

Section 1

This standard is set up to facilitate valuation services provided in Guangdong, Hong Kong and Macau and safeguard the valuation results.

Section 2

This standard is appliable to property valuation only.

Section 3

Property valuation activities are ought to obey both the Standard and other suitable laws and standards in jurisdiction.

Chapter 2　Basic Requirements

Section 4

Principles that valuers/surveyors should be in line with:

1. Independent, objective and unbiased principle

2. Legitimate principle

3. Valuation date principle

4. Alternative principle

5. Highest & Best-use principle

Section 5

When valuers/surveyors conduct valuation engagements, they should have a certain of professional knowledge in property valuation, and capable of working on these.

Section 6

When valuers/surveyors conduct valuation engagements, they should clarify the assets to be valued, the valuation type, and address the valuation conclusion by utilizing appropriate methods.

Section 7

When valuers/surveyors conduct valuation engagements, they should be aware of the ownership, and (or) lead the clients to make commitments about the ownership. They should verify the ownership by screening necessary ownership documents.

Section 8

Valuation should be conducted when the property to be valued is used legally. Limitations (height, GFA, etc.) should be coincide with standards implemented by the government.

Chapter 3 Valuation procedures

Section 9

The purpose of valuation includes property transfer, mortgage, leasing, insurance, taxation, government impose, equity transfer, financial report etc.

Section 10

Valuers / Surveyors should have a comprehensive understanding about the physical status, location and other main characters of the property.

Section 11

Valuers / Surveyors should give rational valuation assumptions.

Section 12

Valuation procedures should constitute but may not limit to:

1. Accept the valuation engagement letter

2. Determine the scope of work

3. Make a valuation proposal

4. Collect relevant documents for valuation

5. Site inspection

6. Adopt (an) appropriate valuation method (s)

7. Derive a valuation result

8. Draft a valuation report

9. Valuation review

10. Report Delivery

11. archive working papers

Section 13

Valuers / Surveyors should be aware of adjacent issues, restrains clauses on tenant agreement and moveable assets to the final value of the property.

Section 14

Assumptions usually include general assumption, contingent assumption, deprived-fact assumption, inconsistent assumption, lack-of-evidence assumption and limitation of use of the report.

Section 15

Archive should be on time pursuant to local regulations announced by the association.

Chapter 4 Valuation Method

Section 16

Valuers should adopt appropriate valuation method (s) by analyzing the suitableness of different methods when completing valuation engagements.

Section 17

When using market approach, valuers / surveyors should collect plenty of precedent transactions. Important information include:

1. Name, area, location, coverage, use, land shape, years of using rights, construction structures, surroundings etc

2. Date of the transaction

3. Consideration

4. Payment method

5. Transaction patterns (such as transaction purpose, motivation, strengths and weakness)

Section 18

Comparable cases should:

1. Be similar to the subject in location, use, scale, structure and rights

2. Have a transaction date not far away from the valuation date

3. Have a similar transaction purpose with the subject

4. Have a normal transaction price or could be modified

Section 19

Adjustments on site location, physical condition and rights should be considered when doing comparison.

Section 20

When using income approach, valuers/surveyors ought to know:

1. Economic profits or potential profits will be generated by the subject

2. Future profits and risks can be quantified accurately

3. Future profits should be generated by the subject per se

4. Profits can be both tangible or intangible

Section 21

Valuer/surveyors should adopt suitable projection period, net income and discount rate

1. Projection period should be determined by the residual economic life of the land and the construction

2. Determine the future profits and risks

3. Discount rate should be in line with the forecasted profit

Section 22

The forecasted income should reflect the contractual rental price during the tenancy agreement, whereas valuers forecast the rental price for periods out of the tenancy agreement

Section 23

For replacement cost:

1. Itshould be objective

2. Replacement cost should be allocated to land and construction in a reasonable way, to avoid omitting and double counting

Section 24

Define the residual life of the property in a reasonable way.

Section 25

Valuers should consider obsolescence, such as physical obsolescence, functional obsolescence and economic obsolescence when valuing the property.

Valuers should beware of the renewal of residential land when valuing residential buildings.

Section 26

Valuers / Surveyors are able to utilize other appropriate valuation approaches other than cost/market/income approaches when valuing properties with abnormal patterns, or usual type of valuation. Detailed valuation procedures should be consistent with local laws and standards.

Chapter 5　Valuation Report

Section 27

Valuation Conclusion should include valuation result and relevant professional opinions drawn by valuers / surveyors.

Section 28

The format of report should be in written format. Authenticity, objectiveness, accuracy, completeness and clarity are the dimensions to fulfill, and also consider the local standards given out by the local association.

附件3

粤港澳大湾区房地产估价职业道德标准

第一章 总则

第一条 为规范房地产估价机构及其房地产估价专业人员职业道德行为，提高职业素质，维护职业形象，促进粤港澳大湾区房地产估价行业的发展，根据《房地产估价规范》、《香港测量师学会评估准则》制定本准则。

第二条 本准则所称职业道德是指房地产估价机构及其房地产估价专业人员开展房地产估价业务应当具备的道德品质和体现的道德行为。

第三条 房地产估价机构及其房地产估价专业人员开展房地产估价业务，应当遵守本准则。

第二章 基本遵循

第四条 遵守法律法规，遵守各国或地区的法律法规，是每个公民应尽的义务，中华人民共和国境内参与房地产估价业务的房地产估价师和专业人员和评估机构，同时也要遵循本职业道德标准的要求。

第五条 房地产估价机构及其房地产估价专业人员应当诚实守信，勤勉尽责，谨慎从业，坚持独立、客观、公正的原则，不得出具或者签署虚假房地产估价报告或者有重大遗漏的房地产估价报告。

第六条 房地产估价机构及其房地产估价专业人员开展房地产估价业务，应当遵守法律、行政法规和房地产估价准则，履行房地产估价委托合同规定的义务。

房地产估价机构应当对本机构的房地产估价专业人员遵守法律、行政法规和房地产估价准则的情况进行监督。

第七条 房地产估价机构及其房地产估价专业人员应当自觉维护职业形象，不得从事损害职业形象的活动。

第三章 技术素养

第八条 对于具备承担评估责任或监督评估输入信息资格的测试应满足下列标准：

1. 适当的学术/专业资格，以证明其专业技术能力；
2. 专业团体的估价师资格，以证明其对道德标准的承诺；
3. 具备对本地、国家和国际的该资产类型及特定市场的充分有效知识，以及必要的技能和理解力，能够胜任该评估任务；
4. 遵守规范评估执业权利的任何国家或州的法律规定；
5. 遵守房地产估价规范及职业道德标准要求。

第九条 房地产估价师和房地产估价机构应勤勉尽责，应搜集合法、真实、准确、完整的估价所需资料，且应对搜集的估价所需资料进行检查，并应对估价对象进行实地查勘。

第十条 房地产估价师和房地产估价机构应行为正直诚实，在为客户服务时，要用自己扎实的专业知识和丰富的业务经验为客户服务。不要误导客户，要客观地将服务对象明白无误的告诉客户，不能歪曲事实。不得作任何虚假的估价，不得按估价委托人或其他个人、单位的高估或低估要求进行估价，且不得按预先设定的价值或价格进行估价。

第十一条 房地产估价师和房地产估价机构不得承接超出自己专业胜任能力和本机构业务范围的估价业务，对部分超出自己专业胜任能力的工作，通过与客户达成明确的协议，应聘请具有相应专业胜任能力的专家或单位提供专业帮助。

第十二条 房地产估价专业人员应当完成规定的继续教育，保持和提高专业能力。

第四章 独立性

第十三条 房地产估价机构及其房地产估价专业人员开展评估业务，应当保持公正的态度，以客观事实为依据，实事求是地进行分析和判断，拒绝委托人或者其他相关当事人的非法干预，不得直接以预先设定的价值作为评估结论。应当识别可能影响独立性的情形，合理判断其对独立性的影响，应当采取恰当措施保持独立性。

第十四条　房地产估价机构不得受理与自身有利害关系的评估业务，房地产估价师和房地产估价机构应自觉回避与自己、近亲属、关联方及其他利害关系人有利害关系或与估价对象有利益关系的估价业务。

可能影响独立性的情形通常包括房地产估价机构及其房地产估价专业人员或者其亲属与委托人或者其他相关当事人之间存在经济利益关联、人员关联或者业务关联。

1. 亲属是指配偶、父母、子女及其配偶。

2. 经济利益关联是指房地产估价机构及其房地产估价专业人员或者其亲属拥有委托人或者其他相关当事人的股权、债权、有价证券、债务，或者存在担保等可能影响独立性的经济利益关系。

3. 人员关联是指房地产估价专业人员或者其亲属在委托人或者其他相关当事人担任董事、监事、高级管理人员或者其他可能对评估结论施加重大影响的特定职务。

4. 业务关联是指房地产估价机构从事的不同业务之间可能存在利益输送或者利益冲突关系。

第十五条　房地产估价机构或房地产估价师不得分别接受利益冲突双方的委托，对同一评估对象进行评估。

第十六条　房地产估价机构或房地产估价师不得向涉及利益冲突或重大利益冲突风的客户提供咨询，但所有目前或可能的受影响方提供了事先知情同意的除外。

第十七条　对于取得"知情同意"，就必须建立足够严密的任何安排对代表"冲突"客户的顾问进行隔离，不能让信息或数据从一名顾问传递给另一名顾问。还要保存有关是否接受（和继续（如适用））个人专业任务、取得知情同意以及为避免产生利益冲突而采取任何措施等决定的记录。

第五章　职责义务

第十八条　房地产估价师和房地产估价机构执行业务，应当与委托人进行必要沟通，提醒房地产估价报告使用人正确理解评估结论。

第十九条　房地产估价师和房地产估价机构在估价假设等重大估价事项上，应向估价委托人清楚说明，使估价委托人了解估价的限制条件及估价报告、估价结果的使用限制。

第二十条　房地产估计师和房地产估价机构应严格遵守执业技术规程和标准，客观反映真实情况，不弄虚作假，不曲意逢迎，不抬高或压低评估价值，在报告中应尽可能披露影响评估业务独立性的情况，保证报告质量。

确保进行为了特定评估或目的而要求的所有其他披露。要求提供与该评估目的有关的更具体信息的披露要求包括：

1. 重要参与；

2. 该估价师的地位；

3. 关于独立性的具体要求；

4. 该估价师的知识和技能；

5. 调查的范围；

6. 对任何利益冲突的管理；

7. 评估方法；

8. 管理该评估目的的任何监管机构的披露要求。

第二十一条　房地产估价师和房地产估价机构应当遵守保密原则。房地产估价师和房地产估价机构应保守在执业活动中知悉的国家秘密、商业秘密，个人隐私予以保密；应妥善保管估价委托人提供的资料，未经估价委托人同意，不得擅自将其提供给其他个人和单位，除非得到委托人的同意或者属于法律、行政法规允许的范围。

第二十二条　房地产估价师和房地产估价机构不得允许其他个人和单位以自己的名义从事估价业务，不得以估价者身份在非自己估价的估价报告上签名、盖章，不得以其他房地产估价师、房地产估价机构的名义从事估价业务。对于估价师连续担任同一目的评估签字人的时间长度信息在评估报告中要做披露。

第二十三条　房地产估计师具有对其他估价师评估的评审义务，评审必须根据评审工作的要求进行，必须得出并报告自己的意见和结论，并且为其任何异议提供理由。房地产估价师不得对其他评估师所做的旨在披露或公布的评估进行批评性评审，除非该房地产估价师拥有之前的估价师所依据的所有事实和信息。

第二十四条　房地产估价师和房地产估价机构应积极维护自己的良好社会形象及房地产估价行业声誉。

第二十五条　房地产估价师和房地产估价机构应团结合作，学习先进，培养新人，维护职业形象和行业信誉，积极参与行业公益活动，不从事损害行业形象的活动。

第二十六条　房地产估价师和房地产估价机构不得以恶性压价、支付回扣、虚假宣传，或者采用欺骗、利诱、胁迫等不正当手段招揽业务。

第二十七条　房地产估价师和房地产估价机构不得利用开展业务之便，为自己或者他人谋取不正当利益,不得向委托人或者其他相关当事人索要、收受或者变相索要、收受房地产估价委托合同约定以外的酬金、财物等。

第六章　附则

第二十八条　房地产估价机构及其房地产估价专业人员在执行房地产估价业务过程中,应当指导专家和相关业务助理人员遵守本准则相关条款。

第二十九条　本准则自发布之日起施行。

附件 4

粤港澳大湾区房地产估价职业道德标准

（英文版）

Guangdong, Hong Kong, Macau Ethics Standard

Chapter 1: General Provisions

Section 1

This standard is set up on accordance with <China Property Valuation Standard> and <Hong Kong Valuation Standard 2017 edition> to normalize the behavior and quality of valuers / surveyors, and set up a professional image for the industry.

Section 2

The ethic standard in this chapter normalizes the quality and behavior of valuers / surveyors.

Section 3

Both surveying firms and valuers / surveyors should obey the standard.

Chapter 2　Behavior

Section 4

Valuers / Surveyors should at least obey the local laws and regulations and also our ethics standard.

Section 5

Valuers / Surveyors should keep integrity, diligence, prudence, independence, objectiveness and resist to sign off reports with fraud and material mispresentations.

Section 6

When completing valuation engagements, both surveying firms and valuers / surveyors shouldn't break local administration laws or regulations. Surveying firms should give complete supervision on their valuers / surveyors.

Section 7

Hazardous behavior to harm the professional image of the industry is strictly forbidden.

Chapter 3   Professional Knowledge

Section 8

Working as a surveyor / valuer, the basic academic or qualification should be

1. Academic certificate / diploma
2. Qualification in surveying / valuation
3. Efficient knowledge in different types of assets in the local sphere
4. Obey the regulations implemented by the local surveyor association
5. Obey ethics standards

Section 9

Both surveying firms and valuers / surveyors should be in diligence. They should collect true and complete material in a valuation engagement, and do site inspection.

Section 10

Valuers / Surveyors should always put integrity in the first position. No misleading to the clients and no fraud or mispresentation is allowed. No obviously unbiased overvalued or undervalued requirements from clients are allowed. No pre-determined valuation is allowed.

Section 11

Valuers / Surveyors shouldn't accept engagements beyond the firm's scope of operation and or beyond his or her capabilities. Valuers / Surveyors can sign agreement with clients about subcontracting issues about appointing other professionals to assist with the valuers / surveyors in terms of the engagements.

Section 12

Valuers / Surveyors should complete learning hours each year prescribed by the association.

Chapter 4 Independence

Section 13

Valuers / Surveyors should keep a fair and neutral attitude, using fact as the accordance to analyze and judge. Valuers / Surveyors should resist the unreasonable intervene from the clients and avert use pre-determined values as the pre-conclusion. Valuers / surveyors should always adopt suitable procedures to safeguard their independence.

Section 14

Surveying firms with self-conflicts in the engagement shouldn't accept the engagement. Valuers with self-conflicts in the engagement, which may be reckoned to affect the independence of the valuation should exit the engagement.

Valuers / Surveyors themselves, or their close relatives having profit connections / personnel connection / business connection with the clients are regarded as situations influencing independence

1. 'Close relatives' means parents, children and spouses

2. profit connections contain shareholding, money borrowing, bond holding or other connections

3. personnel connections mean valuers or their close relatives being directors / supervisors / senior executives of the clients' office

4. business connections mean the different departments of the surveying firm may have interest conveying or conflict of interest

Section 15

Surveying firms shouldn't accept the engagement to value an identical asset from two different parties who have conflict of interest at the same time.

Section 16

Surveying firms shouldn't provide advice to parties with conflict of interest, except all of which give Letter of consent.

Section 17

Letter of consent should be signed and delivered properly. Parties with interest of conflict shall not to sign this letter together, on the contrary, the letters should be signed separately.

Chapter 5 Obligation

Section 18

During the valuation engagement, surveying firms and (or) valuers / surveyors should remind the clients using the valuation conclusion properly.

Section 19

Valuation assumptions, limitations of use and other material matters should be clarified to clients for avert misunderstanding.

Section 20

Valuers should reflect the real situation of the assets and shouldn't deliberately overvalue or undervalue the assets. Disclosure should involve:

1. Significant involvement

2. The role of the valuer / surveyor

3. Independence requirement

4. Valuer's knowledge and expertise

5. Scope of inspection

6. Resolution to possible conflicts

7. Valuation methods

8. Disclosure requirements

Section 21

Valuers / surveyors should keep national secrets, business secrets and private secrets during the engagement. Information and documents collected from clients shall not to be conveyed to other parties without authorization.

Section 22

Valuers / surveying firms shall not to ask valuers from other firms or corporations to sign off the report in their names. For valuers / firms signing reports from a certain client for a long period, their names should be disclosed on the reports.

Section 23

Valuation review from another valuer / surveyor is mandatory. Reviewers should derive a his or her valuation result and provide reasons for disputes. Reviewers shall not to give critical review for those valuations for disclosure reasons, except reviewers collect all the relevant information and fact beforehand.

Section 24

Both valuers / surveyors and surveying firms should maintain the reputation of the industry.

Section 25

Valuers / surveyors and the surveying firms should co-operate, and avoid behaviors which may be harmful to the industry.

Section 26

Excessive price wars, overpaid commissions, fraud & threatening actions used in business development and coverage is strictly forbidden.

Section 27

Accepting bribes and asking for bribes is forbidden for valuers / surveyors.

Chapter 6 Supplementary Provisions

Section 28

During the valuation process, valuers should guide external experts and assistants to obey the Standard.

Section 29

This Standard is effective since it announced.